新たな地域福祉活動推進の方法

―福祉の地域づくり読本―

都築光一
TSUZUKI KOUICHI

幻冬舎MC

新たな地域福祉活動推進の方法

―福祉の地域づくり読本―

はじめに

今、日本の町内会や自治会などをはじめとするいわゆる「地域社会」は、かつてない危機に直面しています。また「地域社会」の持つ言葉の意味が大きく変わろうとしています。このような変化を、私たち日本人は、これまで経験していません。まさに、かつてない事態を迎えているのです。

地域社会の危機

地域社会の危機の一つには、組織力の危機があります。典型的な例としては、地区の老人クラブが挙げられます。ほぼ全国どこでも高齢者数が増加しているにもかかわらず、加入者数は減少しているのです。ほとんどの市町村に、老人クラブ連合会は組織されています。しかし市町村内の地区別に組織されている単位老人クラブの中には、解散してしまう単位老人クラブが毎年見受けられ、結果として全国の総数は減少しているのです。[1]

年次　　（年）	2014	2015	2016	2017
クラブ数（団体）	105,532	103,821	101,110	98,592
会員数　（人）	6,061,681	5,906,292	5,686,222	5,488,258

表１：老人クラブ数・会員数の年次推移[1)]

また町内会や自治会に関しても、同じような傾向が見られ、加入者数が減少しています。しかも都市部と地方の双方において、原因に違いはあるとはいえ、共に減少しているのです。地方には転出増加等によって人口減少という大きな波が絶え間なく押し寄せて、町内会も自治会も加入者数が減少しています。[2]一方都市部は、人口の増減傾向に様々な要因の違いが見られ、状況は一様ではなくなっています。そのような都市部において、町内会や自治会の会員が減少しているのは、転入者が加入しないという現象が発生していることが主な理由です。どこでも町内会や自治会の会員は、死亡や転出などによって減少します。都市部では従来、転入者によってこれを十分に補うことができていました。しかし近年は転入者があっても、町内会や自治会に加入する人が減少しています。

旧くからの地区の講組織も、以前から解散するところが多

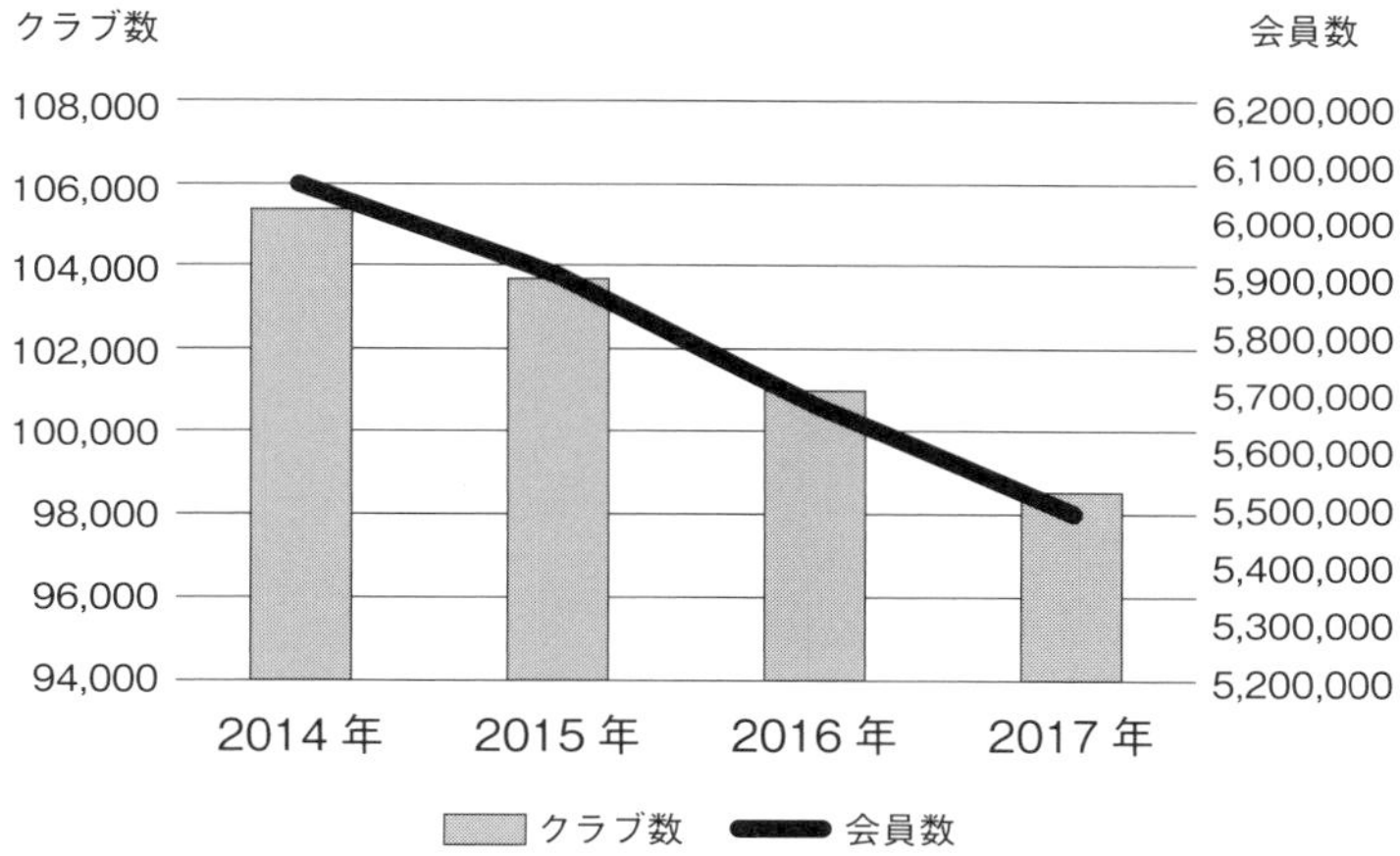

図１：老人クラブ数と会員数の推移[1)]

数見られています。地方の講組織は、地縁組織の代表であったと言って良く、かつては地域の冠婚葬祭の一切を仕切っていました。しかしかつての「冠」は廃れ、行政等による成人式で一本化されました。「婚」は当事者によって、「葬」は家が開催することとなり、「祭」は、近しい親族の行事となりました。ここに地域組織が関係する余地は、特別のことがない限りなくなったのです。

地域社会の危機のもう一つは、活動内容の危機が挙げられます。地方の公会堂や集会所を訪ねると、埃を被った太鼓や法被が見受けられます。これらは昭和の時代までに地域の人々が祭りの用具として用いたものです。面などは、祭りの時に、地域住民の中でも特別な人が用いたものでした。しかし今は、誰も使用する人がおらず、脆弱化した地域を象徴していると言って良いでしょう。これらは、少子化や転出など人口減少によって、祭りの担い手や組織がなくなったことが大きな要因です。祭りは準備に多くの時間と人員を必要としたものの、今やその人員の確保が困難になったというのが実際のところです。また町内会や自治会の世帯数が減少していることから、世帯毎に徴収する会費収入が減少し、祭りを開催する経費が確保できなくなった点も大きな要因となっています。このため地域活動が行政等による補助金頼みとなってしまい、地域の特徴が薄れてしまう状況となってしまっています。[3]

写真1：地区公民館の太鼓
（埃を被り、隅に置かれている。2018年8月筆者撮影）

新たな地域づくり

このように少子高齢化および人口減少が進行することによって、地域の活動力が脆弱化し、ますます地域のまとまりや繋がりが希薄化する中で、地域で生活していくこと自体が課題となっている住民が増えてきています。このためこれを解決しようと多方面から「つながりづくり」や「地域ネットワーク」など、暮らしやすさを求めた様々な地域づくりの取組みの必要性がとなえられるようになりました。地域の絆が希薄化してきている一方で、地域づくりの必要性がとなえられてきているのです。その意味では、これから取り組もうとしている「地域」とは、これまで我々が経験していた「地域」とは違った働きを持つ「地域」づくりと言えるかもしれません。[4]

福祉コミュニティの構築

今後求められる地域像として有力と思われるものの一つは、福祉分野で言われている、いわゆる「福祉コミュニティ」ではないかと思われます。

「福祉コミュニティ」は、1970年代に地域福祉論をとなえた岡村重夫によって、社会福祉分野からのコミュニティ論として登場した考え方です。地域コミュニティとされる地域社会の中にも、様々な目的に従って地域住民がサークルや愛好会、あるいは地域内の集団などを形成しています。その意味で地域社会は、言わば「多様な個別のコミュニティの束」なのです。この多様な個別のコミュニティのうち、障害者や要介護者等も地域活動に参加できるようにしたり、あるいは「困った」という状態にある地域住民とともに課題を解決するなど、励まし合ったり助け合ったりなどの活動に取り組もうとする集団を「同一性の感情にもとづいた機能的コミュニティ」として「福祉コミュニティ」と呼んでいます。[5]

これを今日の地域社会に当てはめて、具体的にみてみましょう。社会学に言う「地域コミュニティ」は、一定の圏域の中に、代表者を含む組織があり、地域社会内の関係性が形成されていて、地域社会内の行事等取り組みに関して共有している人々のまとまりを言うものです。これに対して「福祉コミュニティ」は、誰もが仲間意識を保って暮らしていける地域社会のために、元気に毎日を過ごしている人はもちろん、介護が必要だったり障害のある人も、同じ地域社会で暮らしていけるよう、お互いにコミュニケーションをしっかりと取って、様々に発言したり参加したりできる条件を整えていこうとする人々が集まっているコミュニティを言います[6]。

少子高齢化が進む今日、どこの地域に行っても介護を必要とする方や障害のある方などが増え、地域内の繋がりが求められています。その「繋がり」によって、少なくとも何かしらの「安心」を得ることができているのは確かです。その「安心」を拡大し、より地域内の具体的な働きを形成する取組みが今日求められているのです。

本書は、近年課題となっているこれらの危機に対処するための具体的な方策について、筆者が様々な地域活動を支援した際に用いた各種資料等を補筆編集したものです。内容としては、第1部におきまして地域社会の抱える課題について、特に町内会や自治会などの組織の脆弱化に触れると同時に、一方で地域において繋がりが求められてきている中で、その受け皿に求められている内容を明らかにします。第2部では、福祉の地域づくりの基本的な要素と、活動の原則的事項について解説します。地域づくりは、地域住民による地域活動を通じて形成できるものですから、地域活動のあり方はしっかりと展開できるものである必要があります。第3部では、こうした活動を展開していく上でやや悩ましいところの手順や予算、物品などの取り扱いについてまとめました。終章には参考事例として、山形県上山市の「中川福祉村」を取り上げています。中川福祉村は、福岡市の「今津福祉村」と並んで、１９７０年代から続く福祉の地域づくりの事例として知られている取組みなので、ここにその概要を紹介しました。

今後求められる福祉の地域づくりに向け、本書が多くの方々の参考になればと思っております。特に地域を運営していく上で代表的な立場に立つ方々や、様々な役割を担う役員の方々や、地域の民生委員、福祉委員等の皆様にも目を通していただければと思います。また今後の取組みにおいては、社会福祉法人をはじめとする施設や機関による地域での取組みも、社会貢献活動の一環として期待されていますので、そうした皆様にとっても参考になればと思います。そのほか地域福祉の研究者や地域福祉を学ぶ学生にも、参考になればと思いますし、様々なご批判を仰ぎたいところです。本書は、基本的には地域活動を実際に展開していこうとする際に活用していただくことを念頭に、様々な取組み事例などを参考にまとめたものです。

日本では、今後ますます少子高齢化の進行に併行して、要介護者数が増加すると同時に障害者数も増加します。地域社会においては、世帯数や人口が減少するのとは逆に、高齢者や障害者の占める割合は増加するのです。そうすると、今までの地域活動の進め方や行事のあり方を踏襲するだけでは、地域活動や地域そのものの維持継続は困難になると思われます。様々なサービスの仕組みを創り上げたとしても、それを維持し機能化させていくのは地域住民と組織ですので、基本的には地域づくりが進まなければ、わが国の地域社会は維持できません。それだけに今後に向けては、福祉コミュニティの構築を図りながら、地域活動を展開していくことが望まれます。日本では、実例もあるだけに本書において紹介しながら、今後の地域活動のあり方を考えていきたいと思います。本書が、実際に地域活動の担い手となっている方々の参考となれば、望外の幸せと考えるところです。

２０２２年８月　筆者

目次

第2部

福祉の地域づくりの取組み ―地域活動の構成要素―

第3部 地域活動の展開

第1部

脆弱化するコミュニティ

第1章　町内会・自治会の危機

第2章　福祉の地域づくりへ

第1章

町内会・自治会の危機

限界集落とは

30年ほど前から「限界集落」[1]という言葉が話題となっております。「限界集落」とは高知大学名誉教授の大野晃氏の説を要約すると、当該の地域で「65歳以上の方が半分以上を占めており、冠婚葬祭をはじめ田役、道役などの社会的共同生活の維持が困難な状態に置かれている集落」を言います。人口だけで言えば限界集落の水準になっていても、助け合いなどの機能があるうちは厳密にいうと限界集落とは言いません。また人口が0となった集落は、消滅集落と言います。平成19年財団法人 農村開発企画委員会の調査報告[2]によると、全国121市町村に対して実施した調査によれば、限界集落が179、消滅集落が44集落ほど確認されており、全体として増加傾向が見うけられます。これらの集落では、担い手の確保が難しい現実もあります。最近では過疎化が進行する地方では、地域の危機感を伴って話題となることが多くなっています。そのため「このままでは大変だ」ということから、今ならまだ何とかなるのであれば、存続集落や準限界集落と言われる段階で、何とかしていこうではないかと議論されている地域は少なくありません。また、こうした状況は、若干形を変えて遠からず都市部にも及ぶのではないかと考えられています。実際に限界集落になってしまっている都市内地域も、部分的に見てみると現実には相当数あるので、それらの地域でも現在今後に向けた対策がいろいろと検討されています。

問題なのは、なにが限界になるのだろうかという点です。実際には大野氏の話しているところからすると、①今後の地域を担ってくれる人、②地域でお互いに協力し合ったり、繋がりあったりするという関係の二点です。したがって人口が65歳以上になることだけが問題なのではなくて、それはむしろ結果であり、問題なのは地域で活動する上での担い手がいなくなってくることと、助けあったり協力し合ったりの関係が無くなるという二点によって、「地域社会」としての営みができなくなっていくことを、「限界集落」による課題点であるとしているのです。

地域の維持継続に向けて

まだ限界集落になっていない地方都市の各地でも、大変な思いをして地域活動の維持に向けて取り組んでいるところは少なくないという実情があります。現に地域組織の維持が難しくなったり、解散してしまったりした地域もあるだけに、何とかして地域組織を維持していきたいと考えている地域は少なくありません。こうした地域の多くには、地域組織の存続に向けて地域住民に対して「なぜ地域を維持していかなければならないか」を説明している自治会長や町内会長の姿があります。そうした事柄について説明の内容に関し、実際に自治会長や町内会長に聞いてみると、ほぼ共通した点としては第一に地域のまとまりがないと、何かあった時に協力し合うのが難しいことがあります。実際に我々が生活していく上で、一人だけではどうにもならないという事態に至ることがあります。例えば災害に見舞われたとき、避難所はどこか、どこからどのように避難したら大丈夫なのか、避難所に行ってからどうしたらよいか等は、一人ではどうにもなりません。確かに行政で対応してくれたり、消防が来てくれたりするでしょうし、救援物資も来るでしょう。しかし地区のとりまとめ役や、被災者に対してお世話役になってくれる人が居ないと物事は進まないのです。しかもそうしたことは、そのとき突発的にできることではなく、日常的に活動が展開されて繋がりができていてこそできるものでもあります。普段何気なく過ごしていても、不測の事態に対処するためには、周囲との協力は欠かせないものなのです。しかし今日では、こうした周囲との協力自体が難しくなってきています。その理由は、地域で共に居住する人たちが減少することによる日常的なふれあいが少なくなっていることや、居住者がお互いに高齢者同士で、協力を求めるにしても相手の負担感等を慮って依頼し難いことなどが挙げられています。[3]

第二に、地域の中で一人暮らしをするのは結構心細いもので、情報交換等の繋がりづくりの必要性が挙げられます。近年は、単身生活者が増加しています（**図２**）。その中でも、高齢者の単身世帯が増加しており、繋がりづくりなどの取組みがなければ他者との繋がりが希薄になる傾向は否めません。理由は多々あろうと思われますが、一つに外出が億劫になることがあげられており、これは男性に多く見られると言われています。次に、交流する際に相手方も同性の単身者であれば特に差し支えないもの

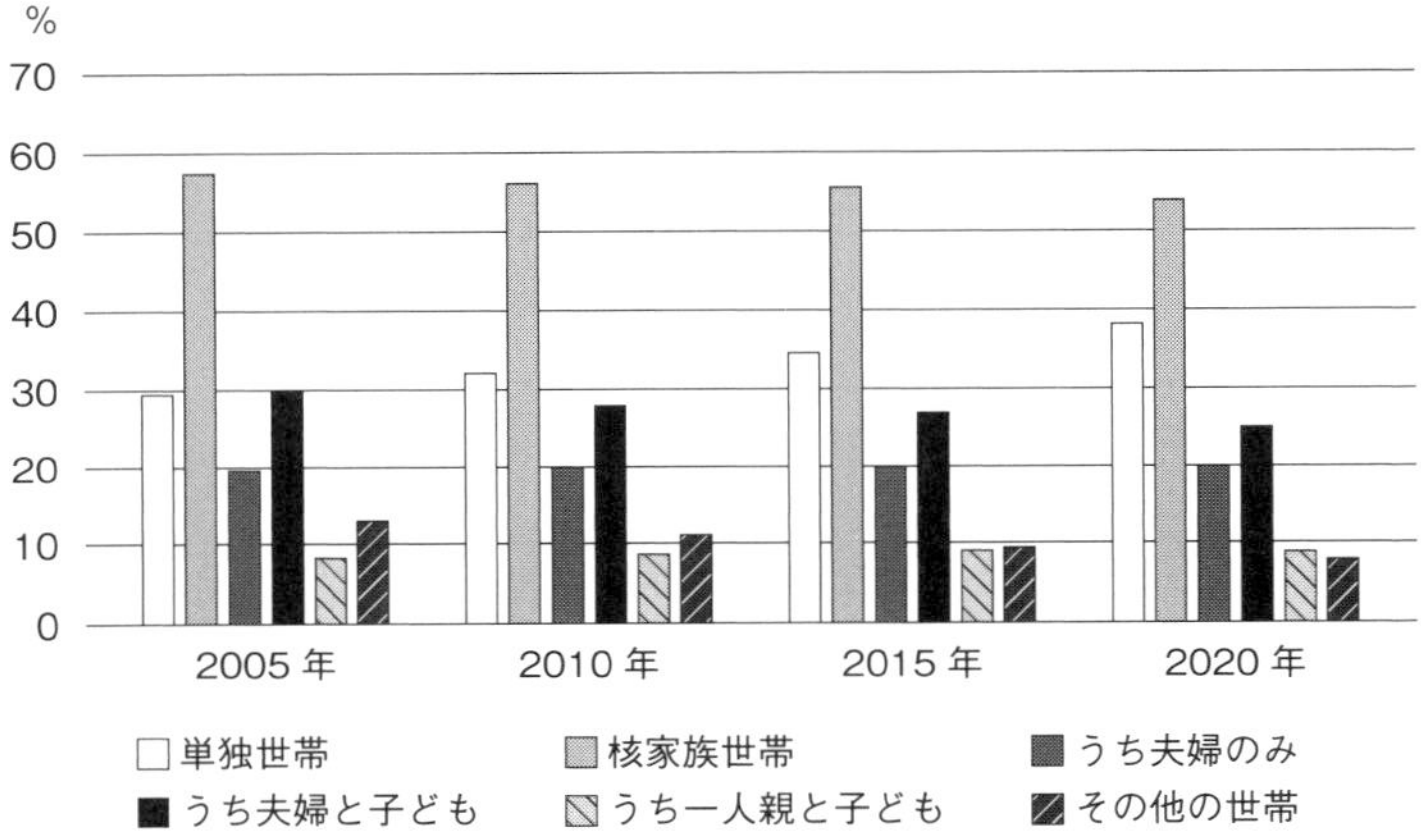

図2：世帯の類型別推移4)

の、相手方が異性であったり夫婦健在であると、今ひとつ遠慮がある点です。これは男女ともに見られる傾向です。

さらに、経済的理由があげられます。高齢者世帯は、年金生活者が中心となります。この中で基礎年金だけで生活している単身高齢者は、その額は生活保護以下の水準となり、他者との交流において、経済的負担に耐えられないケースが多いのです。そのため地域活動にも参加しない傾向が見受けられています。[4]

第三に、地域住民の方々が何らかの支援を行うにしても、一人では困難であり、組織的な取組みが必要であるということです。

同じ地域内に何らかの支援を行う必要があると考える人がいた場合、友人や民生委員に相談したりという行動を取ることは、少なからずあります。この後、実際に支援を行う場合には、気になった本人だけで相手方に支援を行うのは、よほどの関係性が構築された場合に限定されます。加えて、単独にて支援活動を行うことは、一時的または短期間であるなら可能であったとしても、長期間にわたって実施することは考えにくく、その場合は地域の中でチームを組んだり、一定の集団にて輪番制で実施したり等の近隣同士の協力の下で工夫が必要となります。近年はこうした点に、町内会や自治会の組織や代表者に、一定の役割が期待されてきております。そうは言っても町内会や自治会は、個人の生活を支援する機能を本来有していません。したがってこれを担うことについて地域内で合意を形成した上で組織を構築する必要があり、実際に町内会や自治会が後方支援を行う事例も散見されるとはいえ、現実にはこうした体制を構築することが、高齢者世帯の増加や世帯数、人口の減少によって難しくなっているのです。

他にも考えられる要素はあるかもしれませんが、少なくともこれら三点の課題がクリアされて、初めて我々は地域で安心して生活するための基礎固めができるということと、地域組織の維持継続が必要であることを、多くの町内会長や自治会長が説明していました。これらのことから地域住民が安心して生活していくためには、日常的にお互いに協力し合う関係づくりに取り組み、様々な問題に組織的に取り組むことができる地域づくりに向けて、ともに参加し、さらに地域の組織とその働きを維持していかなければならないと言えるでしょう。

第2章

福祉の地域づくりへ

❶ 人々が求めるもの 1

地域リーダーの思い――後継者難

近年では、地域において様々な活動を展開しているリーダーから、「後継者を誰にするか困っている」とか「次期会長をお願いしたら、断られてしまった」という声をよく聞くようになりました。多くの地域で、後継の役職員が決まらないという事態を迎えています。日本では、福祉分野で重要な民生委員の人選に関しても、困難を極めている地域が少なくありません。

地域の役職員は、地域の様々な取組みや課題をまとめていくための、重要な役割を担っています。その役割は、地域内の個々の家庭で肩代わりできるものではなく、かといって行政等公的な機関がカバーするものでもありません。地域の事柄は、地域で生活している人々自身で決定するものなのです。地域の組織によって、とりきめを行う例をあげてみます。よく見受けるとり組みとして地域独自で集会所を建設する事例があり、相当数にのぼります。その際に地域の町内会や自治会の構成員が一定の金額を拠出して、地域の人々のための集会所を建設することとなります。こうした一連の手続きは、町内会や自治会によってなされているのです。同じように、毎年年次計画を立案し、その計画を具体的に実施していくために、会員から徴収した会費を基本の財源として、予算案を審議し決定します。これらの手続きの過程は、家庭が肩代わりしたり、行政等公的機関が関与したりすることはありません。

近年、こうした町内会や自治会の役職員が、高齢化しています。理由は様々で、人口が減少しているにもかかわらず、地域内の役職の数が減らないのでなり手がいないとか、家族の介護が大変とか、定年するサラリーマンの地域デビューが遅れていることがあげられます。定年退職して好きなことをやりたい、と言う理由で地域デビューが遅れる人もいます。かと思えば再雇用でまだまだ働くという人もいます。今や60歳定年とは言っても、皆元気です。しかし、地域で役割をもってほしいと言っても、時間がないという理由で断られるのです。更には、老親介護という事態を迎えている人もいます。この場合は、説得するわけにもいかず、逆に「何かあったら連絡をくださ い」と言わざるを得ないのが実情です。こうした地域社会の実情から、現代の地域のリーダーは、地域活動を展開し、運営していくための大きな課題を抱えています。[2]

地域リーダーの思い――活動内容のジレンマ

地域リーダーは、地域活動に関して他にも様々な課題を抱えています。

活動の担い手が不足して、活動の企画段階から悩みを抱える役職員が多いのです。また世帯数の減少によって会費収入が減少しており、活動内容の創意工夫を図ることが困難で、やっとのことで前年踏襲ということで進めざるを得ないという地域も少なくはありません。地域活動そのものが危機を迎えているのです。

活動そのものが危機を迎えているということには、様々な要因と課題があります。その一つは、若い世代の参加が少ないという面です。若い世代にも参加できるような活動内容を模索して若い世代に企画内容への意見を求めるものの、意見がなかったり、意見があっても古参の役員からダメ出しがあったり等でまとまらないという事例も見受けられます。

次に町内会や自治会において活動を展開する上で、財源が少ないことから行政の補助事業を実施する場合が多く、そうすると事業の実施要領によって取り組まなければならないために、自分たちの意向が思うように働かないという課題があります。補助事業は確かに財源確保という点で大きなメリットがあります。しかし1回当たりの参加者数の確保や、活動を実施する際にやりたくなくても必ず実施しなければならない活動があったり、補助事業なので予算の支出に制限があったり等、様々な制約があるほか事業の実績報告を提出する義務があり、市民対象のイベントで事例報告を依頼される場合もあるなど、必ずしも喜ばしいことだけではありません。[3]

さらにもう一つは、近年の地域活動において、対象者数が増大している福祉的支援が必要な地域住民を積極的に迎え入れて交流し、様々な活動を展開するような方向性が出ていることです。中にはサービスシステムの構築に向けて、行政等と取組みを行う地域も見受けられます。この場合は地域において民生委員と、そして活動の性質上福祉専門職等が所属する機関が連携した取組みが展開されます。このような取組みの場合は、自治会や町内会だけで決定するというわけにはいきません。そのため地域のリーダーが、躊躇する活動にも出てこざるを得ない場合もあります。こうした点から見て、地域活動の運営自体、複雑になったとも考えられます。

福祉対象者の求めるもの

先に触れたとおり、最近は日常生活の上で、福祉的支援を必要とする地域住民が増えています。そのため、福祉支援を必要とする地域住民も参加できるような活動が求められてきていることも確かです。しかしそうはいっても、先に見たように「前年踏襲」を基本とする地域活動が通例であるため、誰の目にも参加が必要と思われつつも、具体的な取組みが困難である場合が多いのです。そのため地域の役員からは「参加は任意」とか「家族の誰かが自家用車等で連れてきてくれれば良いのだが……」という言葉が聞こえてきます。

実際に要介護者や障害のある人にインタビューをしてみると、回答は様々です。

「みんなに迷惑をかけるから」（要介護者）、「会場に行けない」（要介護者）、「お知らせがない」（知的障害者）、「行くときは支援者と一緒なら行く」（精神障害者）などの声が多く聞かれます。しかし「障害のない人と何かに取り組んで、共に達成感を味わいたい」（精神障害者）という声があることも事実です。「我々も地域住民なんだけどね。元気なときは声がかかったけど、今こんな風になると、誰も声をかけてくれないよ」（要介護者）という声は、要介護高齢者や障害のある人が、地域の各事業に参加したいにもかかわらず参加できていない実情を示しており、現在の地域活動の限界が垣間見えています。[4] 今の時代は、要介護者や障害のある人が地域において一定数占めており、かつ増加しているだけに、こうした福祉支援対象者をも含めて展開できる地域活動のあり方が求められているのです。

❷福祉の地域づくりの取組み

では、要介護高齢者や障害のある人にとっても暮らしやすい地域にするために、どのような取組みが求められるのか、考えてみたいと思います。

日本では古くから暮らしやすさは物心両面で行う必要があるものの、人と人の繋がりにおいては、ほどよい距離を保ち慎み深い態度が求められていました。そしてこのような態度が求められたのは、やはり人と人の交流がありこれを常に大切にしてきたからこそなのです。本来「人」に対する礼節は、健康な人も要介護状態の人も、そこに違いはありません。そのことを基本に、これからのあり方を探ることにしましょう。

地域の誇りと繋がり

まずは、何と言っても、地域の誇りと繋がりを大事にすることです。誇れるものを見いだしたり、地域を誇るようになっていなければ、誰もその地域を大切には思いませんし大事にしません。したがって大人が「この地区はすっかり寂れてもうダメだ」とか、「まともに地区のことを考えている人がいなくてダメだ」など、およそ自分の住んでいる地域を卑下するようなことを口にする地域では、若者にとっては魅力を感じませんし「こんなところに居ても良いことはないな」と思うようになってしまいますので、多くの場合地域に残らなくなるのです。地域を大切にしようとする思いがない地域では、人々も繋がることは少なくなります。このため地域の誇りと人々の繋がりは、地域づくりの上で、心構えとしても重要であると言えます。

ふれあいの機会を持つ

地域内では、声をかけ合う関係づくりが必要であると言われることが一般的です。声をかけることができるのは、知り合いだからです。知らない人には、声をかけることはありません。したがって知り合いになることができるように、一緒の場で顔を合わせることができるよう、ふれあいの機会をつくることが求められています。特に地域内の住民が少なくなってきているので、これはより必要なことであり、障害のある人や要介護高齢者が増加している中では、一層求められる点であります。人々の集まる機会を増やすだけでなく、回覧板などを回す場合でも、声をかけ合うことができると良いでしょう。

会話の機会を多く持つ

出会いがふれあいをつくり、声がけから会話が生まれます。声がけが人と人の繋がりづくりの基礎をつくります。会話は、お互いに相手を気遣い、状況を確かめあうことができます。特に自分のことをお互いに語り合うだけではなく、相手の話もお互いに聞くようになります。話をする中で、お互いに共通の話題を語り合うことによって、ある事柄を確かめたり深めたりするなど情報を共有するようになります。これによって地域内の繋がりを保つようになります。この点でも会話による刺激が、様々な点で貴重なものとなっています。

外出の機会を多く持つ

ふれあいの機会を持ち、会話をするためには、外出の機会を持つことが求められます。また外出できない人のところに、外出できる人が訪問することによって、触れあう機会を作るようにすることも、地域の取組みとして重要な点です。外出することによって、自然とのふれあいから、四季折々の風情を感じ取ることができ、また人や動物との出会いもあります。外出の目的を果たすための行動や移動によって、活動が億劫でなくなるという効果も期待できます。さらに外出できない人などの他家を訪問することは、地域の繋がりづくりに通じるものとなります。

一緒に食べる機会を持つ

会話できるような関係性を築くことができるようになると、一緒に「何か」を食べることができるような仲間づくりに発展させることが大事となります。食べる機会を持つことで、ゆっくりした時間をお互いに持つことができます。一緒に食べるということは、お互いに相手を受け入れているということが挙げられます。仲間意識があるからこそ一緒に食べ、話題も豊富で深い内容になります。加えてお互いに相手を理解し、また会おうという気にもなります。このような機会は、可能な人が限定されるところであるものの、これによって地域内でいくつもの組み合わせやグループができあがります。そしてこのような結果になることは、実は自然なことです。

孤立する人をなくす

ふれあい、会話ができるようになることによって、近所の人同士で知り合いになっていきます。これによって、孤立する人ができないように様々な活動を展開することとなり、結果として地域の繋がりを強くすることに通じるところでもあります。地域で孤立する人ができると、交流しづらくなった人が出たときに、地域に孤立する人が居ても人々が珍しいことではないと判断してしまうため、次々と同じような人が増えてしまいます。地域の人たちから忘れられる人は、地域の住民ではなくなってしまいます。結果として、地域の中で元気な人たちだけが、地域づくりをするようになるため、地域の輪が小さくなってしまいます。しかし障害のある人も、介護が必要な人も、同じ地域で生活している人たちです。そのような人たちも、地域の輪に繋がり続けることができるような取り組みが、本来地域では必要なことなのです。しかも介護が必要となった人であっても、地域の人々と繋がりを保ち続けることは、重要となります。地域の人々すべてが住みよい環境で住み続けるようにするためには、障害があっても介護が必要となっても、地域で住み続けることができる地域づくりが条件となります。

❸福祉の対象者との交流

それでは、地域の人々すべてが住みよい環境で住み続けるようにするための「障害があっても介護が必要となっても、地域で住み続けることができる地域づくり」とは、具体的にどのようなことなのでしょうか。考えてみます。

子どもとの交流

子どもは、大人を観察しており、大人への信頼を通じて社会への信頼感を形成します。大人が地域を守り、地域の人々との交流を図る姿から、子ども達は学びを深めています。子どもは高齢者をはじめとする地域の大人との交流を通じて、地域社会への関心を深めます。自分たちを大切に扱う大人や高齢者に対する信頼を形成しつつ、大人の地域を大切にする姿勢、あるいは地域を大切にしていこうとする思いが、子ども達の中に芽生えてきます。大人が子ども達に、自分たちの地域をどのように説明するのかということは、地域の未来がかかっているとも言えましょう。それだけにどのように地域を大切にするか、地域住民のためにいかに地域を大切にするのかが問われます。

介護が必要でも交流

各市町村や地域で実施されている介護予防は、これまでどおり今後も極めて大切な取組みです。加えて介護が必要になっても、交流によって、地域で暮らし続けることができるようにすることも、とても重要な取組みです。しかし「介護が必要になったので、そのような姿を地域の人々に見られたくない」と言って、周囲の人々と交流しなくなると皆引きこもってしまいます。そうなると介護が必要な人は地域との繋がりがなくなってしまいます。このようなことが障害のある人も含めて地域全体に広がると、地域そのものがばらばらになり、地域の機能が消滅してしまいます。

誰もが安心して暮らすことができる地域にしていくためには、介護が必要になっても当たり前の地域生活をできる地域づくりが必要なのです。障害のある人の地域生活も、地域の人々との交流ができるようになることによって、普通の地域生活を営んでいると言えることになります。これからは、介護が必要な人や、障害のある地域住民が増えることが予想されます。誰もが地域で安心して暮らせるようにするためには、普段から障害のある人や介護が必要な人と交流することも大切になります。

引きこもっている人とも交流

地域で引きこもっている人は、これからの地域づくりに必要な「何か」を教えてくれる人々です。なぜなら、地域の人々と繋がることができるようにするための、何らかのきっかけを必要としているからです。そしてそのきっかけを引きこもっている人に対して、地域の人々から提供できるかどうかが問われているのです。そのためにも地域の人々が「引きこもっている人」をどれだけ把握しているのか、普段の声がけやコミュニケーションがごく自然な形でできているのかいないのかなどによって、交流の可能性の幅が変わってきます。だからこそ、様々なふれあいが求められます。

引きこもって、地域の人と繋がりを持っていない人は、このままでは地域に愛着を持つことがないまま暮らすようになってしまいます。同じ地域に住んでいながら、

「地域の和」に加わることのない人が存在することになります。引きこもっている人をそのままにする地域は、結果として地域の中で繋がりが希薄だったり立場が弱かったりする人に対して配慮することができない地域なので、介護が必要な人たちも、いつかは同じように繋がりを持つことがなく暮らすようになってしまいます。そのように繋がりのない人々は、地域の行事や活動の案内も来なくなり、交流が途絶えていくことによって地域の中で「例外」の存在となります。そのような地域は、ある意味で貧しいと言えます。地域づくりの可能性が小さいという点では、脆弱で中身の薄い地域と言うべきでしょう。[6] これに対して福祉の地域づくりは、あらゆる人を「例外」としない地域づくりであり、地域の「豊かさ」を示すものとなるのです。

第2部

福祉の地域づくりの仕組み
―地域活動の構成要素―

第1章

4つの基本原則

その1　住民間で話し合いながら進める

地域づくりに向けた取組みは、全国あちこちで進んでおり、様々な参考となる事例も多く見受けられます。うまく成功している取組みの事例をみてみると、活動の基本原則の一つは、地域の方々同士で話し合いながら進めているということです。そのため、「知っているから」とか「できるから」などという理由のみで、特定の人だけで決めていくことは好ましくありません。地域活動で重要なことは、住民同士が話し合うことと、お互いに納得して決めていくことにあります。なぜなら地域に居住する住民みんなのための活動なので、住民みんなで考え、実施するということに意味があるからです。そのためにも、福祉の要素を含めた地域活動の必要性や概要について、関係する地域の住民間で話し合い、共有する必要があります。この原則は、最も基本的なものです。たとえ行政や関係機関から要請された事業や活動であったとしても、住民間の協議の場を経て決定すべきです。

同様に地域において何が課題なのか、どのようにしてそれを解決していったら良いかについても、極力特定の人で話し合って決めるのではなく、できるだけ多くの地域住民で話し合って決めることが重要です。これには少なからず時間がかかる訳ですが、会議に参加した地域住民みんなが納得して結論を出してくれるので、これは実施段階になると地域住民の多くの方々から納得と参加が得やすく、住民の多くの人々が「自分たちの地域」という思いを共有できるようになります。一見遠回りのようでいて、実は地域がまとまっていくという意味では、結果としては効果的であるとも言えます。

その２　福祉サービスを必要とする住民も加わる

これまで見てきましたように、最近では福祉サービスを必要としている人やサービス利用者が増えてきております。今まで地域の様々な活動に参加していた人たちの中にも、介護を必要とする状態になる人が増えております。今まではそのような段階になると、地域の役職からリタイアしたり、活動に参加しなくなることは、ごく一般的なことでした。ですが今日のような人口減少の時代においては、今までと同じように活動することは困難になってきています。介護が必要になったからとか、障害ができたからという理由で活動に参加できなくなるのでは、地域活動の担い手も参加者もいなくなり、結果として住んでいる人がいても、活動する地域は、消滅してしまいます。そのことは誰も望んでいませんし、歓迎もしていません。これを防ぐためには、福祉サービスを必要とする人も、しっかりと参加することができるように配慮が行き届いた、福祉の地域づくりの取組みが必要なのです。そのためには、参加できる条件を当事者から聞き取ることや、関係する事業者に協力を得るなどの対策が必要となりますので、話し合いの場を設定することが望まれます。

このような取組みは、わが国では一部を除きあまりなされていません。[1] 多くの地区で前例がないだけに、どのような理由で、どのように進めていったら良いのか分からないという方が多いはずです。ですがこれからは、こうした状況で活動を停止せずに展開できる地域社会を実現することが必要とされています。

その3　素晴らしい成果よりも小さな成果の積み重ね

地域づくりを進めるための重要なポイントとしてよく挙げられるのは、活動の求めるところが何か素晴らしい結果であるとか、大成功といった成果というわけではない点があげられます。地域のイベントを実施して「あれだけたくさん人が集まって、あれだけのことができてとても良かった」という感想が参加者から寄せられ、本当に大成功だった、という結果は確かに喜ばしいことです。ところがそのような行事を1回実施すると、2回目に実施するときは、準備段階から同じような成果が得られるかどうかの不安も手伝って、担い手に大きな負担感がのしかかるようになります。さらに協力者の中には「確かに前回は成功したけれども、あの準備をまたやるのか」とか「あの人をまた説得しなきゃならないな」という準備段階での苦労が頭をよぎり、「あの苦労をしないで済ませたい」という思いが、準備作業の足を引っ張りかねません。何よりこういうことが続くと、地域行事の実行委員長や役員を引き受ける人が居なくなってしまうのです。

その点で、地域の行事を継続して実施するためには、大規模なイベントで素晴らしい結果を出すというよりも、一つ一つ堅実に小さな成功を積み重ねていくことのほうが、実際にはみんなに馴染んで継続できる活動として展開できることに通じます。コンパクトで分かりやすい活動の方が参加もしやすく、行事の責任者や役員をしやすいということが、活動の継続性に通じるのです。地域福祉活動は、大きなイベントの成功ということもたまには必要と思われるものの、地域で続けていくちょっとした活動のほうが、多くの人に参加してもらうことができ、長続きさせることができるのです。[2]

その4　地域で共に生活するという考え方の共有

地域福祉活動は、地域住民の意思決定と地域住民の手による、地域住民のための活動であり、地域住民が自ら展開する活動でもあります。そのため担い手にも参加者にも「地域住民」のことばに違和感を抱くことのない、地域住民としてのアイデンティティが求められます。地域で共に生活するという人達が、様々な活動を共に続けていくという考え方を、みんなで持つことができる共通の基盤の上に立つ必要があります。

そのためには、活動のためのしっかりとした組織が必要となり、その組織の基盤とな

めができると、ある意味活動は半分以上できたようなものだとよく言われます。その企画すべき活動の構成要素は、次のとおりです。

1. 活動の基本事項……実施目的、プログラム、開催年月日、開催場所
2. 活動の担い手………実施担当者、分担
3. 活動の対象者………サークル型とイベント型[2]

❶活動の基本事項

実施目的

地域活動の基本事項として、まずは実施目的が挙げられます。地域の人々のためにどのような目的で実施するのか、これが明確になっている必要があります。地域で活動を実施する際に、そもそも活動の目的が明確でなければ、目的意識を地域住民間で共有することもできなくなり、地域の人たちは自分たちのための活動だという想いを抱くことができなくなります。これを防ぐためにも、活動目的が明確になっていることが望まれるわけです。加えて、後述の実施プログラムを共有するためにも、目的を

明確にする必要があります。今回の活動は何のためにどのようなことを実施するのか、その目的を明確にして、「だから自分たちの活動なんだ」と、地域住民が皆で共通した認識を持つことができるようにすることが重要です。

プログラム

次にその目的に沿ったプログラムが、具体的に組み立てられる必要があります。これが実施プログラムです[3]。

これは非常に重要な点です。その目的に沿って、全体でどのように進めていくのか、時間の設定を行い、そして地域に関係する方々で、自分たちの実施したいことや手順など、プログラムの内容をみんなで話し合って決め、作り上げていくという一連の作業が重要です。その際には「足の不自由な人もいるんだけれども大丈夫か、このままだと会場に来られないではないか」とか「こういうものがないな、どうしようか」という意見に対して「じゃあそこのところは段差があるところはもうちょっと工夫しようじゃないか、そのためにもここだけは誰かが手を貸してあげなければだめじゃないかなと思うけど」という一つ一つの課題を、いろいろ話し合って作り上げていく必要があります。そして一人でも多くの地域住民の方々に、全体にでもあるいは部分的にでも、参加していただくことによって、住民にとって内容の良いものができ上がることになります。

プログラムの内容に応じて、普段地域活動に参加していない人でも参加しやすい要素というものを加えていくことができます。たとえば先程例として述べたような「足腰の弱い高齢者の場合はどうするか」という課題があった場合に、関係者が集まって協議するときには、必ず何らかの話し合いがなされます。そのときにどうしたらよいかを協議しながら工夫して、多くの地域住民が参加できるように条件を整えることが求められます。地域内での、年間を通じたすべてのプログラムに参加するということが難しい人も中にはいると思われるものの、少なくとも幾つかの行事の時だけは来てもらうようにしよう、という工夫が必要になるでしょう。基本は、地域住民の代表の方をはじめ、関係者間でお互いに意見を出し合い、取り組みたいと考えていることや、あるいは「このような人にも来てほしい」と思うことなどをしっかりと協議し、話し合って決めていくことです。これからの地域づくりで大切な点は、こうした課題の一つ一つを住民同士で話し合って、解決していく力をもつようにしていくことなのです。「任せますから」とか、一部の人で決めてしまうような形になると、「自分たちの活動」あるいは「この地区の活動」とはならなくなるので、そうならないように話し合うことが重要です。

こうした話し合いの際の留意点としては、いつも地区の活動に参加していながら、あまりものを言わない人こそが、いろいろと考えを有していることも少なくはありません。そのような人は、あまりものは言わないまでも、しっかりと状況を観察しているのです。そのため、活動する上で困ったときには、まず意見を求めてみることも大切なことです。公的機関などに参考意見を求めることも悪くはないものの、まずは地域住民からいろいろ意見を聞いてみるということが大事になってきます。公的機関などに意見を求めてしまうと、話は早いものの地域住民がいろいろ考えてきたものがあったとしても、その段階で考えたものがストップしてしまったり消滅してしまったりするので、できるだけ地域の活動は地域住民の手づくりで、活動の中身を組み立てて実施していこうという姿勢が大事です。

なお地域で実施する行事の場合には、行政から依頼されたプログラムを実施せざるを得なかったり、あるいは地区が主導する活動ではあるけれども、補助金を受けているので実施内容が制約されていたりということもあると思われます。その場合には、基本的には地区で実施したい内容の事業を実施しつつ、無理のない範囲で実施しなければならない事業を、プログラムに盛り込んでおくのが柔軟な展開手法ということとなります。

開催日程の決定

活動の基本事項の３点目としては、開催年月日や時間帯の設定があげられます。これは活動の目的等にも対応するだけに、全体を考えて設定することが求められます。実施するタイミングや誰に来てほしいか等を考えて、想定された人たちが参加しやすい実施日や時間帯を決め、集まりやすく参加しやすい条件づくりをします。活動内容の性格上、参加してほしいと考えていた方々に、どうしてもその日には来てほしいということがある場合は、その中の関係者に数人でもいいので企画段階に入っていただいて、実施日や時間帯を決めていくことも大事ではないかと思われます。

開催場所

活動の基本事項の４点目として、開催場所があります。ここにいう開催場所というのは、必ずしも建物とは限りません。プログラム内容や行事内容によって、様々な場所を設定する場合があります。しかも開催した効果が期待できるような場所を設定する場合などもあり、実施効果を狙って集合場所と実施場所が別になるということもあります。この場合、基本事項２のプログラムをまとめながら、開催場所のレイアウトを考えるということが、手順としては大事な作業となります。例えば午前中イベントを楽しみ、その後移動してお昼を食べて、午後には公園に行って散歩をするということもありうると思われます。このような場合には、後述しますが、それぞれの会場の担当者を決めて、予定していた段取りで間違いのないように物事を進めることが求められます。タイムスケジュールをしっかりと開催会場毎に、確認できるように対応させた形でまとめておくということが大事な点となります。

❷活動の担い手

基本的事項を決めた後、具体的にプログラム内容を実施する上で非常に重要な役割を担うのが、実施担当者とその分担ということになります。この点に関しては、「行事を実施しようとしても担い手がいなくて困っている」という地区が多くなっているのが実情です。そのため、様々な行事を実施するときに、企画段階でまだ地区の役職についていない人などに「あなたのアイデアが欲しいものだから…」や「今度こういうことをやろうと思うんだけれども、いろんな人に来てもらいたいものだからちょっとアイデアを出してほしい」などと言いながら加わってもらい、いろいろお話し合いをして決めていくという進め方が望ましいと考えられます。また、社会福祉法人や企業など、地域の様々な事業者に加わってもらうことも考えて良いと思います。「皆さんにも参加してほしいので話し合いに加わってもらえないか」と誘ったり、「施設の方々にも参加してほしい。かつての我々の仲間もいるのでなつかしい」という事もあるでしょう。そうなれば職員も加わってくれますので若い人の参加も増えます。地域の活動の担い手は、参加者も含めて、地域に住んでいる人はもちろん、仕事などを通じて地域に関係している人まで範囲を広げてみてみますと、さまざまな形で協力者を得ることもできるのです。具体的な内容を見てみます。

話し合う人と分担する人

役割分担をしていくためには、かなり具体的な話し合いが必要となります。役割分担する人たちには、話し合いの場に必ず加わっていただくことや、話し合いに来た人たちで、役割を分担するということが基本的なことです。話し合う人が決まっていないながら、話し合いに参加していない人に役割を割り振ると、割り振られた方が納得してくれなくて話がまとまらなくなってしまうことがあります。そのためにも話し合いの段階で、役割分担をする人たちに加わってもらうことが基本です。

ここで重要なのは、話し合いを重ねながら決めていくという基本的なことが、大事であるという点です。話し合いを進めていくと取組みの必要性が共有され、そこで自分が役割を担う事を確認しつつ当事者意識が強化され、それによって自分たちの行事だということが地域の人々に意識されます。地域住民や社会福祉法人等の施設や事業所も含めて皆で取り組まないと、地域づくりはできないと考えるようになります。その段階になると、自分たちで役割を担っていこう、あるいは自分は何ができるのかについて考えるようになり、前向きに役割を分担できるようになります。

開催前の役割分担

役割には、開催当日のものだけではなくて、行事の開催前から様々なものがあります。例えば「今度こういう行事をやるから」と地区内にチラシを作って配布したり、あるいは回覧板を回したりなど、行事の広報活動を担う担当者が必要となります。行事内容によっては、地区内の班ごとに参加者の把握を行うために、班長に行事参加の可否の確認を依頼し「うちの班からは○人行くから」と班長から報告を受けて参加者の取りまとめを行い、人数を確認しながら名簿を作成する担当者も必要かもしれません。さらに行事において特に役割を持たない団体に所属している地域住民に関しては、地域の代表者から行事への協力を依頼する目的で、個々人が所属している団体などを通じて、参加の呼びかけを行うことなどもあると思います。

会場準備

開催当日の役割

当日の担当者の例を考えると、集合担当や、送迎、受付、会計、司会、会場の担当者、講師対応や、小道具、お昼があれば弁当の担当などが考えられます。市町村などから補助金などを受けている場合は、記録と写真担当も必要になってくることもあります。そのほか場合によっては行事を実施するときにアンケートを取ってくれと依頼され、アンケート担当が必要となることもあります。

細かく具体的に見てみます。

1．集合

プログラムの内容にもよるものの、当日の担当として、役割としてまず重要なのは集合担当です。予め集合場所と時間を決めて、関係者に事前に周知しておき、当日は集合担当者は、参加者の中には早く来てしまう方もいるので、少なくとも30分程度前から開催会場、あるいは集合場所に行って、参加者を待つという行動が必要になると思われます。集合担当者は、場合によっては参加者の参加状況の確認や、参加費の徴収、さらには当日資料の配付などの役割を併せて担う場合もあります。行事によっては参加予定者で到着が遅れている方がいる場合に、電話などでの状況の確認が必要になることもあります。また福祉的支援が必要な参加者がいる場合には、集合した段階で次の会場までの手配のために連絡業務を行うことも考えられます。

2. 送迎

送迎担当の業務は、２種類考えられます。一つは集合した後、行事の会場までの送迎があり、この場合は事前に作成されている参加者名簿を確認して送迎を行うのが通例です。もう一つは、福祉的支援が必要な人の送迎業務です。この場合、事前に送迎の対象となる住民を把握しておき、担当者は確認しながら送迎をするということになると思われます。この場合は、集合場所を決めるという方法ではなく、予めコースを決めておいて、自宅に迎えに行く形になることが多いと考えられますので、待ち合わせ場所や到着地点を明らかにすることなどが重要と思われます。

さらに、車いすや杖等会場で必要となる物の確認や、薬などを送迎の際に家族の方と共に確認することが必要となります。

3．受付

この集合と送迎の担当者としっかり連絡を密にして、行事をまとめていく役割が受付担当となります。来る予定だった人が来なかった場合などに、あとで不参加の理由などを確認することもあります。また受付担当は、行事の規模や内容によって集合担当の参加費等の徴収業務や、当日資料の配付業務を併行する場合もあります。またイベントなどの場合は、来賓の方などに記章リボンを付け、会場の座席までの案内業務を担うこともあります。行事内容によって、どこまで受付の段階で多様な役割を分担するかは、企画段階でしっかりと決めておく必要のある担当業務です。

4．会計

受付業務と併務するか別にするかは行事内容によるものの、会計担当は、参加費等の徴収業務を取り扱います。行事により参加費の金額にはかなりの違いが出てくるほか、来賓等からの祝儀も受け付けます。来賓からの祝儀以外の収入に関しては、場合によっては領収書を準備することもあります。その上で、当日の事業の収支について確認をします。会費や祝儀の他、雑収入の一切を確認し、一方で事業に要した経費について、支出したことを証する領収書等を整理する役割を担うこととなります。特に市町村から助成金などの交付を受けている場合には、ここの収支内訳をしっかり作成しておかなければなりません。会計担当は、これら一切の業務を取り扱う役割を持つこととなります。補助金の交付を受けた事業に関しては、領収証のほか、関係書類は一定年数保存義務を負っている場合があるので留意しなければなりません。

なお、事業によっては当日の混乱を避けるために、事前に参加費を徴収しておく場合もあります。特に福祉的支援を必要とする地域住民が参加する場合には、事前徴収や事後徴収などの配慮が必要なケースがありますので、徴収方法等をしっかりと確認し、事前に周知することが求められます。

5. 司会（進行管理）

行事は、参加者が受付をすませ、時間になると開会します。開会は当日の司会進行が務めることとなります。当日の進行管理を兼ねて役割を担うこととなるほか、会場の雰囲気をよく読んで、盛り上げるようにその場を作り上げていくこととなります。また万が一、急病人の出現や災害発生の場合などに対処できるように、会場の参加者の状況や施設の構造等を把握する必要があります。この場合は、会場係との事前の打ち合わせが必要となります。そのためこの進行役は、住民の活動のためにも住民の方が担うことが望ましいでしょう。

6. 会場

当日の担当の中で、行事を進行していく上では、会場担当の役割も外せません。会場担当は、基本的には、当日の行事全体の流れが滞ってしまうことのないように、状況を確認しながら必要な対応を担います。会場の準備や後片付けを担当するというだけではありません。途中でマイクスタンドの移動やレイアウトを変えたりとか、参加者からの要望に応じて、様々な対処を担当します。司会者からの指示で対応したり、プログラムの進行に応じて来賓対応や講師対応や場合よっては案内も担当します。進行の途中で資料の配付回収や、アンケート調査の実施なども担当することがあります。

質疑応答の際のマイク運びも会場担当の役割なのが通例です。行事の規模や内容によっては、「それでは皆さん、すみませんがご協力をお願いします」という形で呼びかけをして、参加者に協力をお願いしながら様々な状況に対応することもあるでしょう。特に行事の規模が大きければ大きいほど担当者数が多くなることによって、会場担当の分担内容が複雑になることから、事前に全体の進行に合わせたフォーメーション図を作成する場合もあります。いずれにしても、事前にそれぞれの役割を決めて確認しておき、進行に合わせて連絡を取り合っていくことが重要となります。

また福祉的支援が必要な参加者などのために、配慮すべき内容を分かりやすく表示し、資料の配布や誘導のあり方、着席スペースの場所や椅子の配置など、会場内において「誰もが参加できる事業」であることが理解できるように準備する必要もあります。

7. 講師対応

行事によって重要となる役割が講師対応担当です。規模や性質に応じて、受付担当や会場担当が担うこともあります。講師対応の役割は、駅や空港で出迎える場合もあり、この場合は会場まで車輌による送迎を行うことになります。また開催時間によっては、前夜のうちに到着していただいて、ホテルに案内し、当日迎えに行くかあるいはタクシーで来ていただくようにして交通費を手渡すこともあります。当日は受付後の控え室への誘導および案内、当日資料の配付、お茶を入れたり昼食の手配やおしぼりを出したりします。主催者と名刺交換の場を設定できると良いでしょう。また、謝礼を渡して領収書に署名捺印をいただくという役割もあります。ただしこれは会計係が行う場合もあります。帰りの交通手段を確認し、場合によってはタクシーの手配を行う場合もあります。

8. 小道具・弁当

行事の規模や内容によっては、会場担当だけでは対応が困難な役割もあります。行事内容によっては、行事の進行の段階で様々な道具を用いたり、機械器具類を準備したりする場合があります。そのため、小道具や機械などの担当が必要となる場合があります。特に全て担当だけで準備できれば未だ難しくはないとしても、業者などから必要物品を搬送していただき、その上でステージ脇で準備をしたりするということもあります。この役割を担うのが、小道具担当や機械器具担当です。そのほか、参加人員にもよるものの、弁当担当など適宜分担を決めておくようにすることが求められます。この場合、小道具担当も弁当担当も、代金を支払って領収書を徴する役割があります。

9．写真撮影・記録

当日の記録や写真、必要に応じてアンケートを実施したりして、これをとりまとめて確認するなどの分担があります。記録や写真は、補助金の交付を受けている場合は、実績報告に必要な内容です。特に写真撮影の場合は、参加者に了解を得るために一言話しておきましょう。これは実際にかなりの地域組織で実施していると思われます。またアンケートは、実績報告に必要な場合もあれば、地域包括支援センターや社会福祉協議会などが、事業の実施効果を確認するために、事前にアンケート用紙を受付段階で当日の配布資料と共に配布して実施する場合もあります。そうした機関と十分に打ち合わせを行いながら分担を担うこととなります。場合によっては、アンケート結果が必要な団体や機関のスタッフに実施していただくように協議交渉することもあると思われます。

10．その他留意事項

このほかポイントになるのは、いつも実施している事業は、いつか後継者にバトンタッチしなければならないという点です。後継者にバトンタッチするために、複数人で取り組んだり、分担の係によっては企画段階で加わってもらったりなどの工夫が必要となります。特に役割を分担しようとしたときに、後継候補者に「俺はとてもあの人みたいにはできない」と言われないように、複数の住民で分担したり、ある役割が特定の人に固定されないようにしたりなど、戸惑うことなく役割を果たすことができるように条件を整備することが重要です。特に行事を実施していてもなかなか参加者が集まらないという場合の対処としては、企画段階から様々な人に声をかけて、できるだけ話し合いの段階から参加していただくようにしていく必要があるでしょう。

福祉的支援が必要な住民に対しては、次に述べる情報支援（手話や点字、大きな文字の資料の作成など）や移動支援などのほか、段差の解消や集合した場所では椅子の準備（正座できないお年寄りが多い）などの配慮をしっかり行う必要があります。

11. 情報支援

活動の内容やイベントなどによっては、参加者の中に障害のある住民が見受けられることがあります。その場合、資料を見ることができなかったり、様々な説明を聞きにくい場合があります。このため最近では、資料の文字を大きくしたり、説明を繰り返し行ったりなど様々な工夫をする場合があります。そのため事業開催前に、障害のある人も参加でき、情報支援の具体的内容等をお知らせすることと、極力どのような障害のある人が参加するのかを把握する必要があります。そのため、地域住民の様々な方々から参加者に関する情報を得て、参加のための支援のあり方を個々人毎に詳細に決めておく必要があります。

❸対象者

サークル型とイベント型の事業の対象者

地域活動においては、開催目的に対応させて誰を対象として活動を行うのかを明確にする必要があります。行事によって対象となる人が様々となるので、しっかりと目的に対応させて明確にする必要が出てきます。地域活動を展開していく上で役割を担う人と対象者が明確に分かれる場合もあれば、地域の仲間同士で活動を行うことから、事業の実施者と対象者が一体となったり、プログラムによって入れ替わったりという場合など、行事や活動によって多様な形態となるのが特徴です。地域住民が、自分たちで自分たちのために事業を実施しているので、地域住民が納得して行っている形態となることから、これはこの形態が望ましいと思われます。

地域活動の実施形態としては、サークル型活動と、イベント型活動の二種に分かれます。地域の行事を実施する際の対象者は、イベント的な行事なのか、サークル的な活動なのか、それによって対象者と企画側とが分かれる場合と一緒になる場合があります。

サークル型活動は、毎回集まるメンバーがほぼ固定した集団の、自分たちのために自分たちで実施している活動です。比較的小規模の集団で実施される場合が多く、趣味活動や紳士クラブのようなものや同級会的なものまで多種多様です。これに対してイベント型の地域の活動は、地域の役員や主要な方々が事務局的な役割を果たし、実行委員会のような会議の場を経て企画して、そして地域の方々に案内を出してイベントのように行事を実施するという形式のものです。当然のことながら当日は何もしなければ何人集まるか分からないし役員以外は誰が来るかも分かりません。そのために先にも説明しましたように、事前に参加者の確認をしたり、参加の呼びかけを行うわけです。お世話する側と参加する側がはっきり分かれるという場合をイベント型事業といいます。イベント型事業は、比較的大人数となる場合が多くなる傾向があります。具体的に見てみることとしましょう。

イベント型事業

地域の行事で自治会とか町内会が主催となった場合は、当日の行事の担い手となる人たちの事務局的な組織があるのが通例です。その時には様々な役割を関係者で分担して、イベントを実施するということになると思われます。その場合は、不特定多数を対象に実施する行事となる場合が一般的です。無論事業によっては、プログラムで対象者を明確にする場合や、対象者を特定の集団の全員ではなくて特定のメンバーが集まるような行事というものも中にはあるかもしれません。例えばある自治会で「介護家族の会の○○地区の人たちを対象とします」とする場合などです。このような場合は、何らかの合理的な理由が必要となるので、地域福祉関係の場合は民生委員の担当地区で区分するなども一例と思われます。いずれにしてもイベント型事業であっても行事などの内容等実施目的によって、誰が参加するのかが、明確になるかならないかで決まってくる場合もあると思われます。不特定多数を対象とした事業については、自治会とか町内会で地区内のすべての人を対象とするような行事を実施する場合、回覧板やあるいは全戸にチラシを配布するなどの方法で周知を図ることが通例となっています。また介護予防の活動で原則65歳以上のお年寄りを対象とした事業とか、あるいは老人クラブと子ども会の交流活動など、様々な事業が展開されています。こうした活動を実施する際には、できるだけ多くの方々に参加していただけるように、関係団体に協力を得るなどの方法で、多くの関係団体と地域住民の参加を得て実施されるのが通例です。ただし、老人クラブや子ども会以外の福祉関係団体のなかでも、障害者団体や介護者団体などに声がかかることは未だ一般的にはなっておらず、イベント型事業が確かに地域づくりに一役買っているとは言え、福祉関係団体が地域づくりや町づくりに貢献するところまでは至っていない例が多いという状況があります。したがって今後は福祉施設や事業所得等も含め相互に積極的な展開が望まれます。

サークル型事業

一方で対象者がある程度特定されるようなサークル活動の場合について考えてみます。自治会や町内会の行事として、サークル的な活動を実施している事例は、幾つかあります。趣味活動のような形で高齢者の集まりとか、町内会の役員ＯＢ会などのような集まりの例もあります。プランターを縁石に飾る活動を実施していたり、公的施設に水彩画を飾る活動を行っているサークルもあります。このような活動は、できるだけ奨励することが望ましく、自治会や町内会の行事で紹介できると良いと思われます。

サークル型活動は、参加者が名前と顔をお互いに知っている例が多く、非常に参加者間の距離が近いのが特徴です。それだけに一旦活動が軌道に乗り、お互いに知り合いの関係ができあがると、新しいメンバーが加わることが難しくなる場合もあります。新しいメンバーとして加わろうにもグループとしての熟度ができてしまうと、波長を合わせることが困難になる場合が多いのです。地区の歴史ある団体が高齢化して、新しいメンバーが入らないという事例は、このような事例が多いです。したがってサークル型活動を奨励するとき、グループの成熟度がまだ高くない場合には新しいメンバーを紹介することも良い方法ではある一方で、グループの成熟度が高い場合には、新たにグループを立ち上げた方が望ましいと思われます。

なお、サークル型活動の例では、福祉的支援が必要な地域住民が参加している事例は、あまり多くはありません。やはり集まっている人々が、集まる目的に応じた活動を重視しており、極めて主体的な活動を実施していく上で、行動や意思伝達に制約が加わることを忌避するが故にそのようになってしまう傾向が見られます。中には福祉活動と称するも、内容的には生涯学習活動と思われる例もありますが、主体的な活動なのでそれは差し支えないと思われます。特に高齢者などが病気入院し、退院後の在宅生活を孤立させないためには、こうした活動に誘うことが極めて重要になります。

そのためにも、地域福祉活動として展開する上では、かつての仲間に声がけをして誘い合うことなどが望まれます。

参加者の見通しの留意点

最近は地域の中で福祉関係の活動を実施していく上で、社会福祉法人や施設、様々な事業所などと様々に取り組んでみてはどうかと言われるようになってきています。社会福祉法人にも地域貢献が要請されてきています。そこで様々な団体にも声をかけ相談しながら、地域づくりに一緒に取り組むことが望まれます。いずれにしても可能な限り多くの法人や団体に声掛けをして参加の有無を確認し、できればこの参加者数の見通しをつけながら実施することが求められます。

参加者の把握とその効果

先に役割分担のところでも説明いたしましたように、参加者数の見通しを付けていく場合は、事前に参加者登録をするか、そうでなければ地区内の班長などの協力を得て、回覧板を回すなどの方法を講じて参加者ひとり一人を把握し、名簿を作成することなどが求められます。

その理由として、参加人数を確認することによって、今後の開催の参考になるほか、参加を予定しながら不参加になる人の理由を確認できることがあげられます。これは、次に行事を企画する際、不参加者を出さないような工夫を講じるための参考にするのが目的です。また事前に参加することが確認されている人に対して、終わってから感想をお願いしたり、何か気がついたことがあれば話してほしいというように「モニター」をお願いすることも可能となります。当日の展開によっては、何かの役割をお願いできる人がいるかもしれません。さらには地域においてそれなりの立場の人に、反省会や振り返りの場に参加してもらうこともできるだろうと思います。

振り返り（反省会）

もう一つ地域で行事を実施する場合に大切なことは、関係者間で行うその行事の振り返りを行うことです。これは参加者ややり方によっては、とても大事な取組みだと思われます。

実例を紹介しましょう。地域活動に取り組んでいるほぼ過疎の地域で、障害のある人とか要介護状態の方々がよく参加している地区があります。こうした地区は、最近では決して珍しくはありません。そこでは、予定していた事業が終わると、障害のある方や要介護高齢者の方々もともに、反省会を実施していました。老人クラブの会長さんから「今日どうだった？」と言われて、「今日は無理もなくてよかったかな」と回答すると「それで、どうだった？」と聞かれて「うん良かった」と精神障害の方がそのように話をしていました。このあと反省会に参加した方々で、酒食も含めて楽しいひとときを過ごしました、地域に住んでいる障害のある人もない人も共に楽しむことで仲間意識が形成されていったひとコマです。このようにみんなと一緒に活動していることによって、要介護状態の方とか精神障害者の方が、「俺はここにいてもいいんだ」と思うことができていたのです。そしてそのことを地域住民の皆様が確認していたのです。このような取り組みによって、地域から「例外」になる人が少なくなる、あるいは「例外」となる人をつくらない地域の形成に、歩みを進めることができると思われます。地域共生社会の実現が言われてきていますので、お酒も含めた反省会のような取組みも大切なことではないかと思います。このように地域内の様々な人たちと共に、福祉サービスの利用者が一緒に反省会を開催し、その反省会で感想を述べ合うことによって、次の企画の際にも役割を果たすことができるようになると考えられます。なおその反省会は、和やかな酒席でした。[4]

先にも述べましたが、地域は個人や団体の束です。一つ一つの団体は、もともと自分たちそれぞれの目的に応じて形成されています。したがってその目的から大幅に外れた活動は、なかなか実施しないものですし、実施したとしても参加者は少なくなります。そういう意味では、地域において何らかの福祉活動を実施しようとする場合は、活動目的を共有できる団体に声をかけることになります。あるいは「来年こういうのはどうだろうか、地域ではお宅の団体と一緒にやりたいんだけどさ」と何気なく相談しながら、徐々にお互いに話し合いをするための距離感を詰め、併せて内容を詰めていく取組みが考えられます。

また、福祉的支援が必要とされる人々のみが集まって実施しているグループ活動も見受けられます。そのような活動は、それはそれで評価されても良いものの、可能であれば福祉的支援を必要とされる人々というだけの集まりのほかに、地域内の多くの人々が集う活動が望まれています。そのためこうした活動が具体的に展開できるような、何らかの工夫や配慮がなされる取組みができる地域社会づくりが求められております。

第3部

地域活動の展開

実施手順

実施手順

❶活動を企画する手順

実施手順の確認

具体的な活動に入る前の段階では、実施前にどのような手順で準備を進めるか、それから実際に実施段階に入ったらどのような手順でプログラムを進めるかという段取りを、予めしっかりと決めておくことが重要となります。この点に関しては、先に説明したプログラムの検討の段階で、併行して検討されます。

また役割を関係者間で割り振る際にも、誰が、何を、何のために、どこまで、どのように行うのかという点を明確にするため、進め方の手順の確認は重要であると言えます。ある意味ではシナリオと言っていいかもしれません。ただこれについてしっかりと考えるとはいっても、経験のない活動の場合はなかなかイメージが湧きにくく、かつ関係者同士が話し合っていて言葉は同じでも、イメージが違っている場合もありうるのです。

このため取り組む活動があまり大きなものでなければ、予め口頭でお互いに内容を確認するとかあるいは当日の確認で大丈夫だろうと思われます。大きなイベントとなると、局面毎にフォーメーション図などを作成するなど、ここはしっかりと確認しておく必要があります。ただしそれでも、実施手順の確認作業はあまり関係者にとって負担にならないよう、行事内容の具体的内容についてイメージの共有を図りつつを企画することができればいいのではないかと思います。

企画内容を決める手順

実施前の手順という場合には、企画内容を決める手順というのがあり、ここは誰かに依頼してまとめていただくということではなく、やはり住民主体であるが故に、地域住民同士で話し合いながら考えをまとめることが重要です。

企画内容を決めるときは、日常的な活動の中から住民間で開催の要望の高いテーマであるとか、あるいはアンケートなどで要望の多かった内容を選択し、企画することが望ましいと考えられます。活動の題材は、求めようによってはいくらでもあります。この場合は、想定されている参加者の、参加しやすい内容を企画していくことが望まれます。

地域の行事の中には、行政等からの補助金を得て実施することもあります。純然たる補助要綱に基づく事業である場合もあれば、地域の主体的な活動と抱き合わせで行う場合もあります。しかし補助事業の有無にかかわらず、住民の手で開催時期や参加者、さらには会場などの要素の条件を検討して決めていくことが望まれます。

ここで留意すべき点は、福祉サービスを必要とする地域住民も、十分に参加可能な内容を企画すべきであるという点です。地区の役職員と併せて、福祉サービスを必要とする地域住民の関係者の方々としっかり内容を検討し、実施手順を固めるようにして自分たちの地区の行事であるという認識と、「私たちはみんなでやるんだ」という認識を共有することが大事になります。

準備の手順

次に準備の手順があります。この準備作業は、人を集める目的も含まれる場合があります。しかし、予め当日必要となる諸事項を準備しておくことは、何事にも共通することです。特に地域活動の場合は、参加者の満足状況に大きく関わることになるだけに、実は気を抜けない作業なのです。「〇〇が足りない」「〇〇がないからなんとかしなきゃ」という事態を当日になってから迎えることのないように、予め関係者間で「ここでどういうものを使う必要があるかな?」ということを、みんなで話し合いながら確認することが大事になります。準備の段階の確認作業では、できるだけ多くの人々に周知を図りながら参加を呼び掛け、「あなたにはこれだけでいいから、何とかやってほしいんだ」あるいは「当日来るときに、これだけでいいから持ってきてほしいんだ」ということなどをお願いすることは効果的でしょう。また準備のための話し合いが終わるときに「あと何か気が付いたことはありませんか」と言って参加者に確認するのは不可欠です。

特に、知的障害のある方や精神障害と言われる方々などに話を聞きますと、「障害のある自分と、そうでない人たちが一緒に行事なりイベントなりをやって、とにかく達成感を一緒に味わいたいんだ」との話を聞くことがあります。障害のある人たちが、地域活動を眺めながら様々な思いを抱いていることを、地域の役職員や関係者は十分に考えていくべきでしょう。その意味では、一緒に様々な地域行事を企画・実施して、そして終わってから反省会に臨むという先に紹介した取組みなどは、大いに参考にすると良いでしょう。

このように、企画準備段階に地域内の役職員や関係者が集まって必要事項を決めていく事と併せて、終わってからの反省会等にも参加することによって、障害のある人たちも同じ地区の一人だという実感を持つことができると考えられます。

活動の手順

続いて活動の手順について述べます。活動の実際の手順としては、基本的に先に説明したプログラムの実施ということになります。このため各担当者間で、スムーズにその日のプログラムを実施することができるように連絡を取り合って、それぞれのプログラムにおける個々人の役割を明確に進めていくための手順を、一つ一つ確認しながら自分の動きを確かめていくことが求められます。

大きな行事であればあるほど、メモやフォーメーション図が必要になります。規模の大きな行事であれば、お互いに何らかの方法で合図を送りながら、プログラムを進めていくことができるようリハーサル等が必要です。逆に規模が小さな行事であれば、司会進行の方がマイクを持ち、案内しながら進行手順にしたがって「ここからは○○さんにお願い致します」などというように展開することもできます。

活動の手順は、タイミングの取り方や説明のあり方、さらには小道具の用い方や資料の使い方など、個々の局面で単独で担うこともあれば複数の関係者で実施する局面もあるため、内容によってはリハーサル等が必要となる場合もあります。いずれにしてもそれぞれの行事・イベントの規模に応じて、しっかりと進めていけるように丁寧に確認作業を実施する必要があります。

進行の手順

地区の行事を実際に進めていくための手順に関しては、やはり時間のロスを少なくするということが大事です。何らかの形で行事を開始した際には、その行事を進めていく中で一つの流れというものが形成されていきます。その場合行事のテンポが急に早くなったり遅くなったりすると、参加している人が戸惑います。そのため行事の担い手は、行事自体が一定のテンポで流れている事を参加者と共に共有し、その後も無理なく進行することが必要です。参加者の中に予定を控えている方がいる場合もあるため、時間の管理をしながら進めることが大事です。

地域行事を進めていくときには、今回行事を実施した経験に基づいて次の行事をしっかりと開催できるようにするという、地域内の雰囲気の形成という意味もあるので、次の機会にもつながるように意識して進めるようになります。その際には、記録とか写真などのほか、終了後の振り返りや反省会などもしっかりと実施することも大切です。

❷予算

会費収入の減少

近年では、人口が減少したり横ばいだったりという地域が多くなっています。一部の都市部に見られるような、人口増加という地域はとても少ないのです。横ばいの地域のほとんどは少子高齢化が進み、生産年齢人口や年少人口は減少しているのが一般的です。これと併せて世帯数が減少しているほか、その世帯数の内訳としては、第一部の第1章に見るように、高齢者の単身世帯が増加している状況にあります。そのため多くの市町村では、地区の世帯数の減少によって自治会や町内会の加入世帯数が減少し、これに伴い会費収入が減少している自治会や町内会が増加しています。このため、今まで自治会や町内会等で実施していた地域の活動のための予算が減少することによって、満足な活動が展開できなくなっている地域が出現してきています。またそれ以外にも組織率が低下している点も、地域活動の懸念材料となっています。自治会費は、自治会によっては会員の収入状況を反映させている組織も少なくはないため、年金生活者が増加するとそれだけで会費収入は減少します。これに加えて地域に転入しても、自治会や町内会に加入しない世帯が増加しているため、一層会費収入が減少しているのが現状です。[1]

そうした中で地域活動や行事を行うために、公的な助成金の交付を申請する動きも出てきております。一方で人口が減少するということは、市町村においても住民税などの税収が減少するということに他なりません。現在の経済状況から、固定資産税も税収が伸びているわけではありません。このため、活動資金が潤沢に必要となる事業に対する補助金の交付は、基本的にはできない場合が多くなっているということとなります。そうすると何とか資金不足を補うために人手を頼りにできるかとなると、地区の人口は継続的に減少しておりかつ高齢化しているため、限界があると言わざるをえません。そのため地域活動の企画に関しては、こうした課題に対応しつつ工夫を凝らしながら、実施方法を検討せざるを得ないのが現状となっています。こうした状況を踏まえて企画内容の検討においては、地域の予算で賄う部分、補助金で賄う部分、ご祝儀や寄付で賄う部分をしっかりと確認し、その他の部分をどのように対処するのかを協議して決めていくこととなります。

資金調達の方法

今日の地域における様々な活動には、生涯学習活動や地域保健活動、さらには福祉分野も含めた様々な分野において、地域活動の実施が政府によって奨励されていることもあり、民間の助成財団も含めると多種多様な制度が存在しています。これらの制度を十分に活用しながら、それぞれの地域において活動することが望まれています。そのため資金面という点から考えますと、各種活動の支援制度に関する多くの情報を、しっかり収集することがとても重要になってきます。

このため地域で活動を企画する際には、公的な機関とされる役所や社会福祉協議会、あるいは日本赤十字社や共同募金会などの機関に所属している職員などに、「何か良い制度はないか」と助成制度などを尋ねてみるのも方法の一つです。行政等による支援制度やいろいろな民間の助成財団などでは、毎年助成の交付要件が変わったり、地域の取組みを重視する新規の助成区分が登場したりしています。展開する活動の種類や性質によって、様々な助成制度がありますので、そのような情報をできるだけ集めてみるといいのではないかと思います。

なお、こうした助成制度は、全国規模の仕組み、ローカルな仕組みやテーマ別など多様なため、目的に応じてしっかりと見極めることが大切です。また書類の作成の方法などにおきましては、ある程度の知識を有した人の応援が求められると思われます。

事業運営の工夫

現在、一部の都市や人口が増加している地区を除けば、「今取り組んでいる行事を維持していく事がやっとだ。」という地区が少なくないと思われます。さらには今後そういう状況に追い込まれていく地区が、都市でも地方でも増えていくと予想されています。地区の中には、これまで取り組んできた地域活動の維持すら困難になり、地域行事の廃止や、地域組織の解散という事態を迎えるところが出てくることも予想されます。

今まで取り組んできた活動を維持していくことを基本に考え、こうした課題の解決を図る方法の一つとしては、これまでは単独で実施してきた事業や活動を、同じような課題を抱えて困っている地区と一緒に共同で実施してみる方法があります。具体的な展開方法としては、今までは自分の地区で二回実施してきたものを、資金や労力面を考慮してA地区、B地区で一回ずつ（計二回）実施することとし、相互に相手の地区の参加者を客人として迎え、地域間で交流するという方法です。そうすることでお互いにイベントの主催者として開催する回数は一回ずつとなります。しかしもう一回は共同する地区が主催する行事に参加することとなるため、行事は二回で変わりはありませんが、行事主催の手間は半減でき、かつ今までできなかった地域交流もできます。

あるいは、地域内に福祉施設や地域活動に理解のある企業があれば、そうした事業所や企業と共催で地域活動を企画するという方法もあるでしょう。この場合は事業や活動の企画段階から加わってもらうことによって、主催者の負担軽減に繋がりますし、行事内容によっては参加者数だけでなく、人的な面や会場経費や使用物品などの提供など、財政面での何らかのメリットも期待できます。こうした活動は、社会福祉法人にとっては社会貢献活動となるので相互にメリットがあると言えます。

今紹介した事例はあくまで一例ですが、今後はここにあげたような工夫が、必要とされるようになると思われます。

❸住民負担の軽減

経済的理由による疎遠者の存在

ところで、今紹介したような地区行事の様々な工夫は、「良いやり方だ」と評価されたとしても、このような取組み事例が他の地域になかなか広がっていかないことも確かです。「参加者からお金を集めよう。」と考えてみても、参加者の多くは年金生活の方となるため、そこまで多くの負担金を頂戴することはできないことも確かです。

参加費徴収の難しさについては、もう一つ留意しなければならない点があります。実は正式に「教えてください」と聞いても、どなたも教えてはくれないことなのですが、地域での集まりの後の反省会などで、情報提供をお願いすると聞くことができる場合があります。実際新型コロナウイルスが蔓延する前まではよく、アルコールを飲みながら地区で反省会を行う機会がありました。その際にはいろいろな話題に花が咲くのですが、その話題の中で「いや実は公式の場では話せないんだけどね」と言って私に話をしてくれた方がいたのです。「いつも家の近くで畑仕事等をしていて元気な人がいるんです。道ですれ違うと声を掛け合ったりして、お互い元気ではあることを喜んでいるのですが、いざ地区の行事を行うとなると「いやぁ今日は具合が悪いからいけないいんだ」と決まって来ない人がいるんです。あれは具合が悪いとは言っても、体の具合ではなくて、懐の具合が悪くて来れないいんですよ。人といろいろと付き合いができると、昔と違って今は金がかかることが結構あるんです。あの人は来たくても、お金がなくて来れないいんです。そんな人が、何人かはいるかな」と情報を教えてくれた方がいたのです。

仕事の関係や、加入していた年金制度の事情があったり、年金の保険料未納期間が、長期間存在したりして、年金額が少ない方も中にはいらっしゃるのです。結果として経済的な理由によって、地域活動に参加できないという方もいるということです。

地域行事の負担のあり方

最近では年金受給者が増えていくにしたがって、このような方が増加してきているのです。このような事情を抱えた方であっても、地域行事に参加できるようにするためには、参加費徴収の有無を決定する際に、想定する参加者や行事のあり方や内容をよく検討し、極力参加者の経済的負担の軽減を図るべきです。

しかしどうしても参加費を徴収しなければいけない場合には、負担すべき金品などをメニュー化するなどの考慮をする必要があるかもしれません。つまりお金だけではなく、行事に必要な物資や労力なども、負担することが可能な内容にするということなどです。こうした負担を参加者に求める場合、種類が少なくなればなるほど、負担内容が限られることにより、ハードルが高くなります。逆に負担内容がメニュー化されて個々の負担の種類が多くなりますと、限度はあるものの、参加するハードルも低くなっていきます。加えて地域の役職員から「あんたはお金はいいから、畑でとれた野菜を頼む」とか「あんたは、技術があるから準備作業をお願いできないかな、参加費はいいからさ」とか「あんたは草刈り機を持ってるから会場の草刈りをしてくれないか。会費は要らないからさ」というように、声がけをすると良いでしょう。住民から「自己都合で参加費以外を選択したのではなく、役員から言われたので、参加費以外を選択したということになるのです。地域には様々な事情を抱えた地域住民の方もいらっしゃるということを、常に念頭に置いて検討作業を行う必要があるでしょう。

地域行事と財政事情

また近年の地方の置かれた状況の特徴として、地域における伝統的な行事や地域住民による様々な諸活動の内容を、さらに充実を図るということができなくなりつつあります。今までの取り組みを、なんとか継続していくことができればそれでよいという状況になっている地域が多いという点です。その理由として先にも述べましたが自治会費等の収入が毎年減少してきていることから、結果として自治会費等からの支出が減少してしまうことに伴って、行事の維持が困難になってきているという事情があるからです。こうした状況に対応する必要性が認識されてくるに従い、厚生労働省はもちろん、文部科学省や総務省においても、福祉分野の取組みも意識した地域活動を奨励するようになりました。これに伴って様々な制度が新設されたり様々な法律が改正されたりと、これから地域の担い手の皆さん方が実施しようとする活動を支援していこうという動きも出てきているのです。このため、市役所等の機関からの情報入手に努め、地域内での協議検討を図りつつ、様々な制度を上手に活用することも必要となると思われます。

物品の調達

地域行事をしっかりと実施できるように、これまで説明してきましたように、様々な準備を行わなければなりません。地域行事の話を進めていく上で、企画しているイベントや行事を行うためにも、必要な物品の調達がどうしても不可欠になってきます。どのような地域の活動を展開する場合であっても、様々な物品が必要となるのです。

しかし、実際に活動の担い手の方々は重々承知のことと思いますが、地域活動に取り組む際の必要な物品を、地域で全てまかない揃えるというのはなかなかできることではありません。その為いろいろと必要とされていく物の中で、どうしても揃えなくてはならないものは購入したりなどして揃え、そうではないものに関してはあちこちから借りる必要があります。地域で備品を所有したりしますと、どうしても故障等がないか点検するメンテナンスなどの点で予算を必要とします。そうした点を踏まえて考えても、徹底して関係機関からお借りした方がいいのです。つまり地域の行事のためなので申し訳ないという気持ちを持ちながらも、関係機関の皆様に住民を代表してお世話になるのです。そうして実際にイベント等の企画を進めていく中で、「これはやっぱり支所から借りた方がいいな。」とか、「これは法人の所、施設から借りようか。」等ということがあってもいいと思うのです。そうするとこれらの関係機関でも、関心のある方々が様子を見に来てくれるようになるのです。さらには「確かあれは隣の地区にあったんじゃないかな。聞いてみるか。」というようなこともあるでしょう。とにかく必要な物品は、できるだけ借りた方がいいと思います。貸す側も行事に関心を持ちますし、参加してくれるかもしれません。そのためにも上手に借りられると良いでしょう。ただ破損することだけは避けなければならないので、管理担当者を決めてしっかりと丁寧に扱う必要があります。

❹地域づくりへの対応

人材

先ほども予算の項目で述べましたように地方の地域の中には、従来の活動を維持すること自体、厳しい状況に置かれているところがあります。しかしその一方で、住民間の関係性が希薄になりつつも、見守り等の必要性が高まっているという点から、地域に求められる事項がどんどんと増えてきています。このことを踏まえると、この点をどのようにかしてうまく調整することが必要になってきているということは確かです。今まさに地域においてリーダー的な役割を果たしている方は、さまざまな点で心身共に大変なご負担を抱えた状況だろうと思います。それだけに地域活動支援の側面から関わりを持っている、役所や社会福祉協議会、地域包括支援センターの役割は非常に大きいと言えるでしょう。この場合は、関係者でしっかりと連絡をとって役割分担の内容を詰めていき、地域活動をたくさんの関係者で支えていくという意識づくりと仕組みづくりが大切になってきます。そういう意味で、地域はもちろん、地域内の事業所や施設、社会福祉協議会や役所の機関などにおいて、地域活動の意義についてしっかりと理解している人材を確保することは非常に重要であるといえます。

ここで注意すべき点があります。よく見られる例として、「職員に対して経験を通して理解をしてもらうため」と称して、全く地域活動や地域福祉に理解のない人材を、役所等の担当者として割り当てる事があります。その場合はできれば、数ヶ月の引き継ぎ期間を設けましょう。なぜなら全く理解も経験もない職員が、本来役所として「支援」し「下支え」する立場でありながら、その点の理解がないまま会議等に加わってくるのですから、地域の住民やリーダーからすると、相談したくてもできず、決めたくても決めることができなくなってしまうのです。結果として「前年同様」や「予算の範囲」だったり、「補助金の範囲」という論理が、「地域性」や「住民主体」という基本原則以上に幅をきかせるようになってしまいがちです。これでは結果として地域活動の足を引っぱるだけで支援にならず、本末転倒というほかないでしょう。

本来地域活動は、地域住民の創意工夫によって地域づくりの一環として取り組まれるものですから、行政をはじめとした関係機関の方々は、まちづくりのために積極的に活動を奨励し、住民がやりがいを感じることができるように補助金等支援を行うべきなのです。

地域づくりの三間（サンマ）

さて地域活動を展開していく上で、考えていかなければならない点として、時間、空間、仲間の「三間」があります。これは本来、子育ての分野で言われる言葉です。「地域づくりの三間」においては、いつ、どこで、誰が、特に誰がというところがとても重要になります。そしてこの三間によって人々の繋がりをつくり、関係性を高めようとするものです。このことから地域づくりは、ある見方からするとまさに「三間」で創り上げていくとも言えます。ここで大切な点は、効果的な活動を展開するためには、時間や場所がいつでもどこでもいいというわけではないということと、活動を企画していく人が誰でも良いというわけではないということに、留意する必要があります。基本的には地域づくりや町づくりは、そこに住んでいる人が行ってはじめて意味があることであるため、活動や活動の企画に関わる人がどういう人なのか、地域の人たちと話を進めることができるのかということが重要になってきます。これまでの地域活動の多くは、地域に定住している人たちを軸に考えていたわけです。しかし今後の地域活動を行う際には、活動に参加していただく人々は、その地域で定住している人たちだけではなく、団体や組織・施設・企業や事業所等にも声をかけ、参加を呼びかけながら取り組みを進めていった方が良いと思われています。

では、地域づくりの三間について、簡単に見ていきましょう。

まず、「時間」です。最近は何かと気忙しくなり、何かと「忙しい」という言葉が多くの人たちから発せられています。実際に地域の人々が、地域のために話し合うような時間がなかなかとれなくなってきています。いろいろな活動や行事に取り組むにしても、まず地域内の主要な役員による話し合いが必要となります。しかし今日では地域の役員の皆さんは地域以外の様々な役職に就いていることも多く、時間がとれないということが多くなっております。また以前のように、家事などを任せることができる家族人員がいるというような時代ではなくなりました。家族が少ないために、地域の役員も家事等の役割を担っている人が多いのです。そうした点を考慮に入れた地域の組織づくりも考え、必要に応じた通信連絡手段を用いる必要があるのかもしれません。

次に「空間」です。この場合の空間とは「場」と考えて良いと思います。一見すると地域づくりの「場」はいくらでもありそうに思えます。確かにかつては様々な行事や、地域の人々の集いの場がそこかしこにありました。ですが今はかつて行われていた様々な行事は、どこでも実施されているわけではありません。加えてかつて地域行事でフルに活用されていた道具が、公会堂や集会所の押し入れなどに埃を被って寝ています。大きな要因は、地域行事などに参加可能な人やその担い手が限られ、行事の開催場所や打ち合わせ場所がなくなったことです。かつては親子連れや家族で地域行事に参加していました。そのために集まれる場所を設定してきたのです。しかし少子高齢化の時代を迎え人口減少が吹き荒れる地方では子どもがいなくなり、かつ高齢者が安心して参加できる場所を選ぶ必要があるため、どうしても距離的に近く、かつバリアフリーな場の確保が、今求められるようになっています。

次に「仲間」です。「仲間」はまさに地域でつながっている「仲間」です。現在の地域社会では、少子高齢化及び人口減少が顕著になってきており、様々な行事の参加者の内訳として圧倒的に高齢者が多くなってきています。そのため、繋がりを求めている人は増えているはずなのですが、ふれあいの機会が減っており、交流することも少なくなって「仲間」ができないという状況にあります。「仲間」ができたとしても入院となったり、介護サービス利用となって、人と会うことが億劫になったりという状況になっている高齢者が増えています。今後はこうした高齢者が多くを占めることを前提に、地域づくりに福祉施設や病院や企業などを含めた形の話し合いの場が必要となっていると言えるでしょう。

こうした取組みによって地域内で繋がりをつくり、平時だけでなく非常時、特に災害等があったとしても、その地域の繋がりが切れないようにするということは、とても大事なことだと思います。企業や事業所に参加していただき、様々な形で協力関係を築くことで、行事によっては地域公民館で埃を被っているかつての行事用具を活用できることもあるでしょう。数は少なくても良いので、一つでも二つでも、可能性のある活動に取り組み、進めていく工夫が必要になると思います。勿論地域づくりを進める上では、無理をしてはいけません。「可能性のある活動」に限定し、しっかりと成果を出して、地域の方々から評価を得ることが、活動の達成感を得ること、さらには地域住民からの信頼にも繋がり、地域づくりに貢献することになるのです。

活動の継続性の徹底

ここで注意すべきことは、様々な活動を一旦始めた以上は、活動を休止することのないようにしなければならないということです。災害とか新型コロナウイルスのパンデミックのような場合はやむを得ないとしても、開始した活動は、休まないことが基本です。地域の人たちに「やるものなんだ」と受け止められるように進める必要があります。一旦休んでしまった後に、改めて行事や活動を立ち上げるというのは、非常に大きな労力を必要とします。今まで何気なくやれていたものも、一度立ち止まった活動を再開しようとしますと、地域の方々は皆一斉に動いてくれるわけではありません。無論、人によっては動いてくれる人もいます。ですが、「いや〜もう俺はいいんじゃないか。」「取り組まないでみたら、何もあそこまで取り組む必要も無かったのではないかと…」等と言って、動いてくれなくなる人も出てきます。そうなってしまった場合には、活動を再開するために、役員の方々は様々な役割を担う必要が出てくるようになります。こうなると地域の役員を引き受ける人が少なくなります。役員が重い役割を担う事を避けるためにも、一旦始めた地域の活動は、継続することが大事なのです。

災害対応

災害時におきましては、地区内で繋がりが乏しい人ほど避難行動が遅れてしまったり犠牲になったりしています。これは最近の災害において、多く確認された事実です。地域において様々な活動を実施しないままで地震や大雨が降った場合には、家の中で引きこもっている多くの高齢者や障害者は、避難行動をとれなくなる可能性が高いと考えられます。避難所では、地域内で繋がりが乏しい人ほど、避難所内での生活を一緒に送ることが難しくなります。そのことによって様々な人との、避難所生活上の話し合いや決め毎に参加することができなくなり、避難者同士のやり取りが上手くできず、不愉快な思いをして車中泊で避難生活を送るという人も中にはいます。

実際に東日本大震災のときにも車中泊する人は結構見られました。要介護状態の方や障害のある人たちが、避難所に来ることができず車中泊をしていたとも言われています。しかし、半数弱の人達は、避難所内での生活トラブル等により、車中泊をしていました。災害で困難を抱えることがないようにするためにも、避難訓練等は必要であり、地域内の繋がりというのは非常に大切であると言えます。[2]

次に台風の時の一例を挙げますと、避難所に来たものの、急激な環境の変化に戸惑ってしまい情緒的に不安定になってしまったという高齢の方がいました。この方は今後避難所で生活することが困難なのではないかと判断され、福祉避難所に搬送されました。しかし搬送された福祉避難所でも、なかなか状態が良くなりませんでした。そのうちに、地域のご近所の人たちが「お見舞いに行くか」「俺たちなんとなく普段から一緒にいたんだけどな。向こうに行ってどうなったか俺も気になっていたんだよ」と言い合い、福祉避難所に見舞いに来ました。福祉避難所で様々なことで言葉を交わしていくと、最初のうちは要領を得ない会話ではあったものの、徐々にお互いにコミュニケーションが取れるようになっていったのです。2回目に訪れた際には、普通に会話ができるようになり、この方は、認知症ではないかとされていましたが、そうではないと結論づけられました。その後避難所に戻り、やがて自宅にも戻ることができたのです。災害により避難所で避難生活を送ることに対しての不安を抱え、見当違いな言動があったとしても、日常的に交流している方々とのふれあいによって、普段の生活・日常の感覚を取り戻し、家庭生活に復帰することができるというエピソードです。[3] その意味では、地域の方々との日頃の繋がりが、非常時において安心感を与えるものであったという一例です。このことからも分かるように、地域内の人々の繋がりというものは非常に大切であります。その繋がりは元気な人達だけではなく、やや認知症気味の方や要介護状態の方であっても、同じことが言えるのです。

災害の時には、生活再建ということがよく言われますけれども、その為にもまずは日常の感覚の回復を、住民の人達と一緒に行うことが大切だろうと思います。災害時だからと障害のある方や要介護高齢者を福祉施設に送ったままにせず、先にあげたエピソードにあるように地域の方々とともに日常を取り戻し、家庭生活に戻ることはごく当たり前のことです。例にあげたこの方は地域の方々と生活再建に向けた話を一緒に行っていましたが、福祉施設に送られたままでは、生活再建に向けた話し合いに加わることはできなかったでしょう。福祉の対象者の身の安全の確保のために福祉避難所を活用する事と併せて、福祉の対象者が地域再建や生活再演に向けた話し合いには、是非とも参加することが必要なのです。そしてそのことは、災害時に突然できることではなく、普段から繋がりづくりに取り組んでこそできるものであることを、認識する必要があると思います。

まとめ

以上の様に支え合いや繋がりづくりの取り組みには、日頃から地域間において福祉サービスが必要な住民も含めた住民同士の繋がりを持つ事が大切です。そしてそのためには、住民主体で活動を展開していく必要があり、その活動をどのように組み立てどのように実施していく必要があるかも、住民同士で確認し共有することが重要なのです。地域社会は様々な人や団体、組織などの束なので、これをしっかりとお互いに繋ぎ止めながら活動を展開していくことが大切です。この活動を展開すればするほど、束というものはまとまりの良いものになっていくのです。少なくとも、どのような時期にどのような物事に取り組むのか等といった話し合いは、どの地域においても様々な形で継続して協議していくことが望まれます。東北や北陸・北海道などでは、雪が降る冬には、除雪の取り組み等があります。障害者が参加するサロンや、地域のサロン活動の参加者に対してデイサービスセンターの車輌が空いている昼の時間を活用し、買い物の為にスーパーまで搬送してくれる移動サロン等の取組みもあります。このように福祉の取り組みには様々な創意工夫が求められています。そして子孫に引き継ぐことができる地域づくりを進めるためにも、より良い地域活動を進めるための話し合いを重ねていくことが求められております。

終章

取組みの実践事例

上山市「中川福祉村」における福祉の地域づくり[1]

福祉の地域づくりの取組み事例として、山形県上山市の中川地区の事例を紹介しようと思います。ここでは福祉の地域づくりに取り組んで、40年以上も実績を持つ事例です。

中川福祉村の沿革

中川福祉村は、1975年(昭和50年)に山形県上山市中川地区内の14地区会と、6福祉施設および小学校中学校と児童センターによって組織されました。上山市指定による福祉の自治推進地域として、言わば福祉分野の住民自治の取組みがなされたところです。当初は市のバックアップもありました。上山市中川地区は、蔵王山系に続

写真２：中川福祉村の事務所（中川公民館）※中川福祉村より提供

く丘陵地帯に広がっており、中川地区の西側に上山市の中心市街地があります。13の集落と1つのペンション村で構成された農村地帯です。市のバックアップにより、住民自身が自分たちの地域を企画運営していこうとして、取組みが始まりました。

無論当初は、地区の住民の合意をしっかりと取り付けるということは、簡単なことではなく、かなり大変でした。公民館や社会福祉協議会が、住民の合意形成と組織作りに向けて、かなりの時間と労力を費やしました。

その結果、「福祉村」の運営は、地域

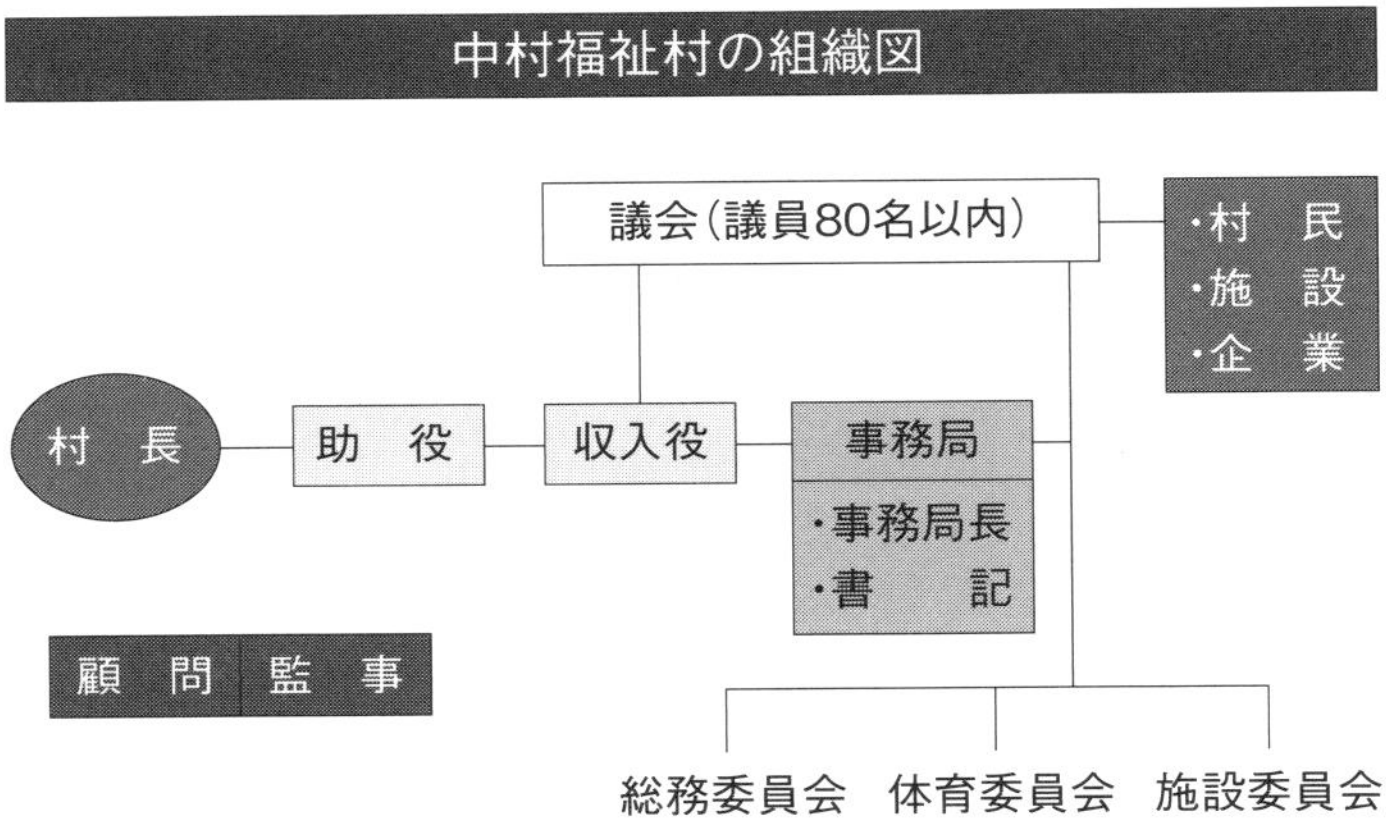

図３：中川福祉村組織図　※上山市社会福祉協議会事務局長の鏡洋志氏からの提供

のあらゆる人的資源や社会資源が関わりを持ち、運営組織ができあがっております。「中川地区」は、上山市を構成する地区会（町内会）連合会の一つです。その圏域を一つの単位として、「福祉村」が構成されています。

活動の概要と運営組織

中川福祉村の特徴は、基盤となる組織として福祉村議会があることです。中川地区のすべての地域の役員が、福祉村の議員となり議会を構成しております。福祉村議会では、年1回総会を開催して年間事業計画と予算案を審議し、これを承認した上で委員会を構成します。この委員会が、事業の執行機関となります。議会が「委員会」という名の執行機関を設置して、自分たちで審議し議決した事業を執行するわけです。

多くの事業は毎年定例的に開催されており、6月に蔵王山頂クリーン作戦とつつじ祭り、秋には中川福祉村大運動会、文化産業祭り、年明けには福祉施設訪問活動などが実施されているほか、安らぎ弁当宅配事業という宅配サービスも実施されております。

特徴的な活動を見ていきます。まず蔵王山頂クリーン作戦は、春に蔵王山の山開きをする頃に実施している、蔵王山の清掃活動です。特徴的なのはこの清掃活動には地域の住民の方々だけではなく、福祉施設や小中学校、地区内の事業所などの人たちが総出で取り組んでいる点です。午前中に清掃活動を実施した後、蔵王山頂で共にお昼を食べ交流します。この清掃活動が、地域の人々や精神病院の患者さん、障害者などの交流の機会になっているわけです。

次に秋に実施される中川福祉村大運動会は、様々な競技種目に多くの人々が参加します。大運動会になりますと、例えば玉入れ競技の場合、周辺にブルーシートを敷き、障害のない方はブルーシートから投げ、玉入れのカゴの近くからは、車椅子の方や障害のある方々が玉入れをするという競技ルールがあります。こうすることで障害のある人も車椅子の人も、福祉施設の人も地域の役職員も、喜んで参加しています。そして競技の成績によって、得点を競います。その得点ですが、実は地区だけではなく一つの地区と同じように病院や特別支援学校、福祉施設なども、得点を競う単位にカウントされます。点数が配点されない競技もありますが、得点を競う競技に関しては順位を競うグループやチームが編成され、そのチームのメンバーが各地区や病院・施設などに所属する人々で構成されています。例えばムカデ競争の場合、地区単位でチームを編成するのが一般的です。しかしこの方式ですと、施設や病院の方々は参加できず、楽しむことができません。そこでムカデの1班のチームメンバーの中にA地区B地区さらには病院や福祉施設からなるチームができあがります。2班のチームメンバーは、C地区D地区のほか、特別支援学校やデイサービスセンターの方々からなるチームをつくるという方法です。得点は先着順で編成された班のメンバーひとり一人

写真３・４：運動会の入場行進。上は福祉施設で下は地区毎整列
※中川福祉村より提供

に配点されますので、不公平な点はありません。そのようにして中川地区に居住する人々が、大運動会に地区だけではなく福祉施設などを含めて参加することができるようになっているわけです。開会前には入場行進もありまして、福祉施設や病院、特別支援学校なども一つの地区と同じように、プラカードを掲げて、車椅子等で入場しております。

中川福祉村の地域活動の場合、関係する行政区とか地区会（中川地区は、中川地区と中川地区を構成する小単位の「地区会」とが二重に構成されている）が連携して日常的な地区会単位の活動も実施するほか、ここに紹介したような福祉村の活動も実施しているのです。したがって日々の活動におきましては、「この活動は地区会単位でやろう」とか、「これは地区会単位では難しいから、皆で協力して福祉村の活動として活動メニューの中に盛り込もう」と振り分けています。身近な事業は地区会の事業として実施するようにしていますし、一方地区会単位で実施が困難な事業については、地区会同士で協力して福祉村の事業として実施しているのです。このように事業規模に合わせて実施主体を使い分けているのも特徴の一つと言えるでしょう。このように地区会の事案を住民間で納得できる形で事業を振り分けできているのは、福祉村の活動が軌道に乗っているからこそです。逆に地区会の事業が上手くいっているからこそ、福祉村の事業も実施できており、相互に支え合うことができているという関係が形成されているのです。これは福祉施設や病院・学校などが、福祉村の活動だけではなく、地区会の活動にも担い手として参加しており、地域活動に深く関与している成果と考えられます。

地域資源を活かした運営組織の特徴

このように福祉の地域づくりができている要因の一つには、福祉村の圏域内に設置されている福祉施設や病院、学校などの公共施設が地域づくりに参画することによって、地域住民による地域組織だけでは困難な部分をカバーできていることも大きいと思います。加えて福祉村の行事には、その地区に居住・勤務している全員が必ず参加するという方針を明確に打ち出して実施することを決めています。それが結果として、福祉村ではない地区会単位で行う行事にも影響して、地区会の人々の多くが参加するという雰囲気をつくっているわけです。福祉施設の利用者や精神病院の入院患者、特別支援学校の子ども達も気兼ねなく参加できる行事ですので、お家の中で車いすで生活している人も参加したい人は気兼ねなく参加することができます。中川地区には特別養護老人ホームもありますが、ホームに入所しているお年寄りも必ず参加することは基本方針として決めております。中川地区では、それが当たり前であるという雰囲気が、地域住民に浸透しています。だからこそ関係機関の職員も、地区のメンバーとして企画にも参画するようにしているわけです。

中川地区から学ぶ

中川福祉村が発足したのが１９７５年ですので、取組みが始まってもう50年近くになります。取組みが始まった当時の主要な方々には既に亡くなった方も少なくはありません。しかしその福祉の地域づくりの精神は、その子どもの代に引き継がれています。

『……私が在籍していたころ、全校生徒数は250人ほど。学区内に盲学校があり、交流が盛んにおこなわれていた。お互いの学校を訪問したり、一緒に学習したりする機会もあった。中でも点字を教えてもらったことが一番印象に残っている。表を見ながら専用のツールを使って、一文字ずつ打っていく。それを目が見えない友達が指でなぞって名前を読み上げてもらった時何とも言えない嬉しさがあった。

初めは目が見えない人との交流に、戸惑いもあった。しかし彼女たちはいたって普通という感じで「目が見えないからと言って、何もできないわけじゃないよ。音を出してもらえばその方向へ歩けるし、勉強したり遊んだりもできるよ」と言った。先生は難しいことを言わず、どうしたら一緒に過ごせるか考えるよう促し、様々な工夫をしていた。交流は小学校1年生から始まったので、今思えば小学校時代に障害がある人がいることが当たり前だった。

学校には他にも知的障害を持つ子もいたが、近所だったこともあり放課後はよく公民館などで遊んでいた。付き合いづらさを感じたこともあったが、一緒に遊んだり学んだりすることは普通の事だった。学校以外でも、精神病院で開かれるお祭りには毎年遊びに行っていたし、地区のイベントには、多くの人が参加していた。

私が実際に暮らして感じたことは、住民の理解が進んでいるということだ。いろんな人がいるが、それを受け入れるという雰囲気があったように感じる。特に小学校は地区の人々との交流も大切にしていて、登下校時にすれ違った人とは顔見知りでなくても挨拶をしていた。それが普通だった。私は途中で市内の別の地域へ引っ越したので、転校先の学校での生活に戸惑ったほどである。[2]（以下略）』

上記に紹介したのは、子どもの頃中川地区で生活した経験を持つ方が、成人してからの地元の感想をまとめたものです。そして今中川地区で生活している子ども達は、「障害のある人と交流することは普通のこと」として、親からも学校の教員からも教えられて生活しているのです。

福祉の取組み

ここで理解を深めたいことは、私たちが「正しい、必要だ」と考え「やらなきゃ」

写真５：地区の子ども達と高齢者福祉施設との交流　※中川福祉村より提供

と思ったとしても、日常生活の中で他の地域の人々とともに取り組んでいかなければ、地域内の住民の方々の考え方や受け止め方は変わらないと言うことです。中川地区で福祉村の取組みに至るまで2年程度を要しています。それは地域住民の理解を深め、普通に交流できるまでの準備期間を丁寧に実施したからに他なりません。「準備期間を丁寧に」取り扱うことは、まさに「福祉村」を創り上げていくプロセスなのです。

あらためてここで確認したい点は、「福祉村」の本質は、中川地区の住民が支え合ったり励まし合ったりするために形成された「それが普通」という生活意識にあると考えられます。ですから本質は組織や地域内のネットワークとかにあるのではなく、組織やネットワークが資源となって機能するように活用できている、中川地区の住民の生活意識や文化にこそ福祉の地域づくりが実践されていることです。この生活意識は、子どもから高齢者や障害者も含むところに、大きな意義を見ることができます。よく「ネットワークシステムだ」とか「〇〇体制の構築だ」といって様々な決め事をまとめたり参考にしたりすることがあります。しかしこれを地域のためにどのように活かすのかは、その地域に居住する住民が決めていくものです。どのような活動を展開する地域にするのかという点では、中川地区は「障害のある人と交流することは普通のこと」であり、住民が支え合ったり励まし合ったりする地域づくりを目指し、結果として福祉の地域づくりに繋がりました。福祉の分野では、このような生活意識を有している人々によって形成される地域や集団を「福祉コミュニティ」と言います。福祉の地域づくりの取組みは、地域住民が人的、社会的資源を活用して、福祉コミュニティ形成を目指す実践を言います。しかもその「福祉コミュニティ」は、地域福祉活動を継続していてこそ維持できるものなのです。40年以上に及ぶ中川地区の実践はその好例と言えるでしょう。

今後の地域づくりに向けて

ここまで地域づくりについて説明して参りました。あらためて少子高齢化時代の地域のあり方が問題となっております。この課題の取組みの方向性として、有力な方策の一つが福祉の地域づくりなのです。その地域づくりを進める上で大切なことは、地域内でともに暮らしている人同士が、しっかりと繋がっていることです。

ある小さな地区での集まりで、閉会のときにその地区の副会長が次のような挨拶をしました。

「自分達の地区の中で皆とよく繋がっている人は、亡くなったとしても、皆が集まると時々話題に上がります。そうすると、その方は亡くなったとしても皆の中ではずっといつまでも話題に上ることで生き続けているわけです。皆の記憶の中に、しっかりと生き続けているという事が言えると思います。一方で地域の中で、確かに自分たちの地区の中で生活している人は居るんだけれども、皆と繋がっていない人もいます。この人は確かにこの地区に住んでいるんだろうけれども、実は皆の中には存在していない人になっています。いつかは忘れられてしまう、そういう人になってしまう訳です。我々の地域では、そういう人は作らないようにしていこうじゃないですか。」と挨拶をされました。それでお互いに繋がりあっていこうという趣旨で、今まさに取組みが進められています。

本当に力のある豊かな地域というのは、例外となる人を作らない地域だろうと思います。今求められているのは、まさにそういう地域づくりです。その意味でこれから求められるのは地域のQOC（クオリティ・オブ・コミュニティ）と言えるでしょう。地域の内実、あるいは地域としての質が今問われているのだろうと思われます。これからの時代においてどのような地域づくりを進めていくのか、ひとり一人に問われている課題であろうと思います。

脚注

はじめに

1：公益財団法人長寿科学振興財団、健康長寿ネット（２０１７）「老人クラブ数と会員数の推移」https://www.tyojyu.or.jp/net/kenkou-tyoju/syogaigeneki/rojinclub.html(2023/6/23)
2：総務省自治行政局市町村課（２０２１）『自治会・町内会の活動の持続可能性について』
3：同
4：総務省統計局「世帯の類型別推移」『令和2年国勢調査 人口等基本集計結果』
5：同　このほか、筆者自身がここ10年ほどヒアリング調査を実施した市町村において、ほぼ同様の課題を抱える地域が存在していることを確認している。
6：岡村重夫（１９７０）『地域福祉研究』ｐ5.
7：都築光一（２０２２）『現代の地域福祉』ｐ12.

第1部
第1章

1：高知大学名誉教授の大野晃氏が述べて以降、多くの文献で実態が説明されている。大野晃（２００８）『限界集落と地域再生』北海道新聞社

2：財団法人 農村開発企画委員会の調査報告（２００７）
3：２０１４年～２０２１年に筆者が東北地方において実施した98地区のヒアリング調査（地区の役員、民生委員および障害者本人）結果において明らかになった内容の一部である。
4：総務省統計局「世帯の類型別推移」『令和２年国勢調査 人口等基本集計結果』

第２章

1：第１部第１章脚注３より得られた事例である。
2：第１部第１章脚注３より得られた事例である。
3：行政から補助金を得ることによる財政的メリット以上に、補助金受給に伴う諸負担が重いため、助成金を返納したという地域もある。このことから地域活動の支援のあり方は、行政の論理ではなく、地域性に根ざした地域活動の展開のあり方によらなければならないと言える。筆者が関わったある地域では集まった人が12人であった。「ここでは集まった方なんです。普通は〇さんと〇さんと…が来て、これに〇さんとか〇さんのまあ８人くらいかな。」ということであった。地区の代表者は続けて「だから市が地域活動助成というけど、平均参加者数が20人以上と言われると無理なんだ。あのやり方は市が考える活動ができている地区は支援になるけど、活動ができなくなっている地区は支援しないって言ってるんだよな。なんで住民の活動のイニシャチブを市がとるんだ？」との意見があった。
4：第１部第１章脚注３より得られた事例である。
5：厚生労働省が提唱する地域包括ケアシステムの達成目標である。

6：1981年国際障害者年決議の一節

第2部

第1章

1：福岡市の「今津福祉村」と、山形県上山市の「中川福祉村」の例が挙げられる。

2：第1部第1章脚注3より得られた事例である。

第2章

1：第1部第1章脚注3より得られた事例である。

2：都築光一（2012）『地域福祉の理論と実際』p110.

3：（プログラム）

4：第1部第1章脚注3より得られた事例である。また、介護保険事業計画策定時に実施される日常生活圏域ニーズ調査を実施した際に、地域におけるサロン活動の参加者を調査してみると、参加者のうち5％～25％程度が何らかの障害を有している人が参加している実態も明らかになっている。

第3部

1：第1部第1章脚注3より得られた事例である。実際に地域行事の多くが、財政的事情によって規模の縮小や廃止の憂き目を見ている。

2：災害対策基本法によって、災害時避難行動要支援者に対する避難支援の仕組みづくりが課題となっている。しかし仕組みができても機能するようになるためには、避難訓練をしないと分からないという声が多い。また「台帳にある人だけを助けるのか。我々は同じ地域に住んでいる人全てを助けるのだ」という自治会長や民生委員は非常に多い。

3：第1章脚注3より得られた、台風被害における事例である。

終章

1：菅沼喜一（1983）『みちのく　中川福祉村　共に生きる喜びを』山形県社会福祉協議会

2：この記録は、中川地区に生まれ育ったある女性の体験記で、あるきっかけで筆者に寄せられたものである。

※画像は、中川福祉村からの提供である。

組織図は、上山市社会福祉協議会事務局長の鏡洋志氏からの提供である。

著者紹介

都築光一（つづき こういち）

宮城県出身。
金沢大学院社会環境科学研究科博士課程修了、博士（社会環境科学）。
現在、東北福祉大学教授。

新《あら》たな地域福祉《ちいきふくし》活動推進《かつどうすいしん》の方法《ほうほう》 —福祉《ふくし》の地域《ちいき》づくり読本《とくほん》—

2023年 9 月 1 日　第1刷発行

著　者　都築光一
発行人　久保田貴幸

発行元　株式会社 幻冬舎メディアコンサルティング
〒151-0051　東京都渋谷区千駄ヶ谷 4-9-7
電話　03-5411-6440（編集）

発売元　株式会社 幻冬舎
〒151-0051　東京都渋谷区千駄ヶ谷 4-9-7
電話　03-5411-6222（営業）

印刷・製本　シナジーコミュニケーションズ株式会社
装　丁　VP デザイン室

検印廃止

ISBN 978-4-344-94439-8 C0095
幻冬舎メディアコンサルティングHP
https://www.gentosha-mc.com/